Unser ehrlicher Weg

Wir alle sehnen uns nach Orientierung, auf die wir uns verlassen können. Dies gilt besonders, wenn es um authentische Lebensmittel und deren Veredelung geht. Der Wunsch nach echten und gesunden Lebensmitteln ist in den letzten Jahren bei uns allen stetig gewachsen. Es geht schon lange nicht mehr darum, irgendwelchen unglaubwürdigen Marketingbotschaften Glauben zu schenken, nein, es geht uns allen um eine konsequente und nachhaltige Veränderung unserer Ernährungs- und Esskultur.
Mit dem Slow Food Kärnten Guide wollen wir neue Maßstäbe setzen. Eine kompromisslose und nachvollziehbare Qualitäts- und Herkunftssicherung zeigen, was wir unseren Gästen an besonderen Lebensmitteln bieten dürfen. Erfahrenes Lebensmittelhandwerk trifft in der Küche auf leidenschaftliche Kochkunst im Herzen des Alpen-Adria-Raumes.
Besonders das Bewusstsein eines fairen Preises für den Produzenten ist das oberste Credo. In einer gesunden und regionalen Kreislaufwirtschaft müssen wir Menschen die Möglichkeit bieten, von aufwendig produzierten Produkten auch leben zu können.
Die Slow Food Philosophie ist ein ehrlicher Weg,
den viele Menschen in Kärnten gehen möchten.
Erleben Sie für sich diesen spannenden Weg!
Es ist Ihre Zeit! Es ist Ihr Leben!

Christian Kresse

Die Kärntner Alpen-Adria-Küche

Es gibt viele Zutaten, die die Kärntner Alpen-Adria-Küche ausmachen. Zum einen sind es die kurzen Lieferwege, zum anderen die hochwertigen Grundprodukte, die traditionell verarbeitet werden, aber auch in neuen Variationen für neue Geschmackserlebnisse sorgen. Dazu gehören Fische aus Seen und Flüssen, Käse von bewirtschafteten Almen oder Gemüse und Früchte aus den Tälern. Die Kärntner Slow Food Köche verwenden wertvolle Lebensmittel, kochen saisonal und lassen sich von unabhängigen Stellen prüfen.

Die **Slow Food Restaurants** sowie **Almhütten und Buschenschenken** in diesem Guide haben sich aus voller Überzeugung der Regionalität verschrieben, genauso wie die angeführten Hofläden, Genussfeste und Märkte. Freuen Sie sich auf eine Entdeckungsreise durch Kärnten.

Die drei Prinzipien unseres Slow Food Kärnten Guides

Gastgeber, Produzenten und Lebensmittelhandwerker verbünden sich und leben die Prinzipien „gut, sauber, fair".

Gut

... steht für eine gesunde Esskultur, die schmeckt. Mit regionalen Rezepten und echtem Geschmack.

Sauber

... steht für regionale Lebensmittel, die achtsam gegenüber Natur, Tier und Mensch erzeugt werden. Mit Qualitäts- und Herkunftssicherung.

Fair

... steht für faire Preise für die Produzenten, aber auch für soziale Gerechtigkeit von der Herstellung bis zum Genuss.

Allianz Landwirtschaft und Tourismus

Die Zusammenarbeit von Landwirtschaft und Tourismus hat sich bewährt. Gemeinsam stehen wir hinter den zertifizierten Slow Food Betrieben, die sich von einer unabhängigen Stelle überprüfen lassen. Das gewährleistet Transparenz und Sicherheit für Konsumenten.

„Die ausgezeichnete Zusammenarbeit zwischen Landwirtschaft und Tourismus ist die Basis für die authentische Kärntner Kulinarik. Qualität & Regionalität stehen dabei im Fokus. Darauf können wir stolz sein!"

Martin Gruber, Agrarlandesrat
Sebastian Schuschnig, Tourismuslandesrat

2022 Zertifiziert

SLOW FOOD HEISST AUCH QUALITÄTSSICHERUNG

ALLE mit Slow Food Schnecken ausgezeichneten Restaurants, Almhütten und Buschenschenken bekennen sich zur staatlich anerkannten Qualitäts- und Herkunftssicherung „AMA GENUSS REGION" mit den Partnern Genussland Kärnten, Bio Austria und Gutes vom Bauernhof.

Das Slow Food Barometer

Die Anzahl der Schnecken zeigt, wie intensiv die Slow Food Werte GUT – SAUBER – FAIR von den Köchen und Gastgebern gelebt werden. Sie begeistern mit Gerichten, die nicht nur gut schmecken, sondern auch die Sortenvielfalt der Region widerspiegeln. Juroren besuchen laufend die ausgezeichneten Partner und prüfen nach Slow Food Werten.

Unser Versprechen: Alle Gastgeber setzen auf eine geprüfte Qualitäts- und Herkunftssicherung.

5,0 Schnecken	**ab Seite 12**
4,5 Schnecken	**ab Seite 24**
4,0 Schnecken	**ab Seite 36**
3,5 Schnecken	**ab Seite 76**
3,0 Schnecken	**ab Seite 98**

Nachhaltigkeit als oberste Prämisse

Nachhaltigkeit ist für manche nur ein Schlagwort, aber nicht für uns in Kärnten. Wir wollen mit der Slow Food Philosophie einen ehrlichen Weg in der Produktion und Verarbeitung von Lebensmitteln gehen.

In Kärnten sind wir stolz auf unser Naturerbe mit seiner biologischen Vielfalt, das uns von so vielen anderen Tourismusdestinationen abhebt und besonders macht. Deshalb wollen wir mit den Ressourcen unserer Umwelt sorgsam umgehen. In der Kulinarik, aber auch darüber hinaus.

Für Bauern, Lebensmittelhandwerker und Gastgeber wollen wir zwischen Nachhaltigkeit und fairen Einkommensmöglichkeiten einen Konsens finden. Dafür ist es notwendig, schon bei den Kleinsten ein Bewusstsein für den achtsamen Umgang mit der Natur, der in so viele Bereiche wirkt, zu schaffen. In Kärntens Slow Food Gemeinden, den Orten des guten Lebens, beginnt dies bereits in Kindergärten und Schulen und zieht sich bis zu Gastwirten und Marktplätzen.

DER SLOW FOOD KÄRNTEN GUIDE WIRD AUF PEFC ZERTIFIZIERTEM PAPIER GEDRUCKT, MIT DIESEM BEITRAG FÖRDERN WIR DIE NACHHALTIGE WALDWIRTSCHAFT.

Förderung nachhaltiger Waldwirtschaft
www.pefc.at

Ab dieser Ausgabe drucken wir bewusst eine geringere Stückzahl und lenken den Fokus auf unsere digitale Version: **www.slowfood.guide**
Damit schonen wir die Umwelt und produzieren weniger Müll. Einfach reinklicken, losstarten und Kärnten entdecken – auch ohne Auto. Denn bei uns geht's auch ganz leicht mit dem Rad, dem öffentlichen Verkehr oder zu Fuß.

www.slowfood.guide

Inhalt

2 Die Kärntner Alpen-Adria-Küche
4 Die drei Prinzipien unseres Slow Food Kärnten Guides
6 Allianz Landwirtschaft und Tourismus
7 Das Slow Food Barometer
8 Nachhaltigkeit als oberste Prämisse

RESTAURANTS & GASTHÄUSER
12 Restaurants mit 5,0 Schnecken
24 Restaurants mit 4,5 Schnecken
36 Restaurants mit 4,0 Schnecken
76 Restaurants mit 3,5 Schnecken
98 Restaurants mit 3,0 Schnecken

132 Wo Sterne und Hauben zählen

112 **ALMHÜTTEN UND BUSCHENSCHENKEN**

MITBRINGSEL AUS KÄRNTEN
140 Hofläden und Produzenten
172 Wein aus Kärnten
176 Bier aus Kärnten
178 Fruchtsäfte und Edelbrände

RUND UM SLOW FOOD
180 Slow Food Land Kärnten
182 Slow Food Travel Regionen
186 Slow Food Dörfer

188 **KULTUR IN KÄRNTEN ENTDECKEN**

198 **KÄRNTENS BAUERNMÄRKTE**
204 **KULINARISCHE FESTE**

213 Inhaltsverzeichnis nach Betrieben
217 Inhaltsverzeichnis nach Orten
225 Kulinarische Landkarte

5,0 Schnecken

Die Jury verleiht 5 Schnecken an jene Betriebe, die aus Überzeugung hinter der Kärntner Slow Food Küche stehen. Als leidenschaftliche Verfechter der Regionalität sind sie nachhaltige Vorbilder und bringen Kreativität sowie Saisonalität auf den Teller. Sie inspirieren andere und setzen sich für den achtsamen Umgang mit fast vergessenen Lebensmitteln ein. Echt und ehrlich mit geprüfter Qualitäts- und Herkunftssicherung. Hier lässt sich zu 100 Prozent die Slow Food Philosophie erleben.

Kreativ, modern und nachhaltig
Nichts wirkt aufgesetzt. Nicht im Ambiente, nicht in der Küche. Alles wurde von Generation zu Generation weiterentwickelt. Die Küche ist geradlinig und modern, mit herausragendem vegetarischen Schwerpunkt und tief verwurzelt in der Region. „Bio und regional, nicht entweder oder, sondern sowohl als auch", erklärt Küchenchef Florian Bucar. Vegetarisch gefüllte Paprika. Ofenkarfiol mit Polenta und Salzzitronen. Geflämmtes Saiblingsfilet mit fermentiertem Tomatensaft. Gebratene Beiried vom Gailtaler Almochsen mit Pastinakenpüree und Whiskeyzwiebeln. Der eigene Gemüsegarten vor der Haustüre, das Brot wird selbst gebacken und seit dem letzten Jahr gibt es ein Kochbuch. Slow Food zum Mitnehmen. Und wer noch mehr will, dem sei das Frühstück ans Herz gelegt. *wd*

5,0

der daberer. das biohotel

Marianne und
Christian Daberer
St. Daniel 32
9635 Dellach
T +43 4718 590
info@biohotel-daberer.at
www.biohotel-daberer.at

Öffnungszeiten:
26.12.2021 bis 18.04.2022
13.05.2022 bis 27.11.2022

Küche:
Ab 18:30 Uhr, kein Ruhetag, nur nach vorheriger Reservierung

2022 Zertifiziert

Falstaff 87 Pkt.

5,0

Genießerhotel Die Forelle

Familie Müller
Techendorf 80
9762 Weissensee
T +43 4713 2356
info@dieforelle.at
www.dieforelle.at

Öffnungszeiten:
Di. bis Sa. 18:00–20:00 Uhr
Reservierung erbeten!

2022 Zertifiziert

Gault&Millau	4 Hauben	18 Pkt.
Falstaff	4 Gabeln	97 Pkt.
A la Carte	★★★★	94 Pkt.

Radikal regional am Weissensee-Ufer
Jedes Lebensmittel ist wertvoll. Pur, frisch verarbeitet, fermentiert, eingelegt oder getrocknet. Küchenchef Hannes Müller verschwendet nichts von den regionalen und vor allem saisonalen Zutaten. Authentisch zaubert er die alpine Leichtigkeit des Weissensees auf den Teller. Kompromisslos nachhaltig und immer wieder überraschend. Feiner Käseschaum mit Maiscrackern aus dem Gailtal, samtweicher Huchen als Wildfang mit Rhabarber oder Tagliatelle von der Peterwurzel mit Apfelschaum. Harmonisch fügt sich alles zu einem stimmigen Ganzen. Echte Genießer gönnen sich daher ruhig mal das Degustationsmenü mit Weinbegleitung von Monika Müller und bleiben über Nacht im Hotel, um Slow Food ganzheitlich zu erleben. *aa*

Bärige Menüs und Klassiker

Manuel Ressi zaubert im „Bärenwirt" Sommerfrische und Heimatliebe auf die Teller. Etwa beim marinierten Kürbis mit Schaffrischkäse, Parasolnussbutter und Salzzitrone, der zwar wie ein Stück Kürbis aussieht, die schlichte Beerenfrucht aber in andere Dimensionen hebt. Die Gäste kommen von weit her, um sich an den drei- bis achtgängigen Menüs zu delektieren. Wer bodenständig essen will, findet auch Wirtshaus-Klassiker mit einem gewissen Pfiff auf der Speisekarte: Die Ripperln werden etwa mit Teriyaki Sauce aus eigener Produktion mariniert. Ressi verarbeitet vorwiegend Erzeugnisse der Gailtaler Bauern und freut sich, dass seine Stammgäste immer mehr werden: „Das ist für mich auch eine Form der Nachhaltigkeit." *wd*

5,0

Bärenwirt

Manuel und Claudia Ressi
Hauptstraße 17
9620 Hermagor
T +43 4282 2052
hallo@baerenwirt-hermagor.at
www.baerenwirt-hermagor.at

Öffnungszeiten:
Do. bis Mo. 11:00–23:00 Uhr
Di. und Mi. Ruhetag

Küche:
Do. bis Mo. 11:30–14:00 Uhr
und 17:00–20:00 Uhr
Di. und Mi. Ruhetag

2022 Zertifiziert

Gault&Millau	3 von 4 Hauben	15 Pkt.
Falstaff	2 von 4 Gabeln	88 Pkt.
A la Carte	3 von 4 Sternen	85 Pkt.

5,0

Gasthof Grünwald

Familie Daberer
St. Daniel 17
9635 Dellach im Gailtal
T +43 4718 677
gruenwald@dellach.at
www.gruenwald.dellach.at

Öffnungszeiten:
Mi. bis Mo. 8:00–23:00 Uhr
Di. Ruhetag

Küche:
11:30–21:00 Uhr

2022 Zertifiziert

Falstaff 82 Pkt.

Die Kärntner Nudl der Slow Food Vorreiter

Der Gasthof Grünwald ist ein Traditionshaus, das von Ingeborg und Gudrun Daberer in fünfter Generation engagiert, kreativ und liebevoll geführt wird. Sie sind Slow Food Vorreiter und bekannt für die wunderbaren Kärntner Nudeln. Fünfzehn verschiedene Sorten gibt es immer, in der Nudl-Kudl-Mudl-Woche Ende September sind es sogar bis zu 40. Da muss man sich schon einiges einfallen lassen und so krendeln die Daberer-Schwestern mit ausgefallenen Füllungen wie Falafel oder Couscous mit Paprika. Vegetarier kommen nicht zu kurz, die Apfelnudeln sind vegan und Montag ist sogar fleischfreier Tag. Urlauber und Einheimische wissen Schopfbratl oder Gerschprein, auch bekannt als Ritschert, zu schätzen. *wd*

Kraftplatz mit Slow Food Küche

Bodenständig und entschleunigend ist ein Besuch in der Messnerei neben der gotischen Kirche auf dem Sternberg. Hier, im liebevoll restaurierten Bauernhaus, sorgen Daniela und Stefan Sternad für Slow Food auf dem Teller. Ob das zarte Beef Tatare, die Lachsforelle aus der Sirnitz oder die Maishendlbrust vom Bio-Hof Brandstätter, man spürt die Hingabe und Hochachtung vor den Tieren, die von Kopf bis Fuß verarbeitet werden. Das Lammbeuschl oder der Hirschrücken sind Beispiele. Der Sterz als ein Klassiker der Küche erinnert den Gaumen an die Kindheit und wird ganz modern im Glas mit Salzkaramell und Vanilleeis serviert. Das rundet den Ausflug auf den Kraftplatz Sternberg auf süße Art und Weise kulinarisch ab. *et*

5,0

Gasthaus Messnerei am Sternberg

GF Stefan und Dani Sternad
Sternberger Straße 19
9241 Wernberg
T +43 664 4172490
dani@sternberg-messnerei.at
www.sternberg-messnerei.at

Öffnungszeiten:
Do. bis So. 10:00–22:00 Uhr

Küche:
12:00–20:30 Uhr

2022 Zertifiziert

Gault&Millau	12 Pkt.
Falstaff	80 Pkt.

5,0

Restaurant Bachler

Ingrid und Gottfried Bachler
Silberegger Straße 1
9330 Althofen
T +43 4262 3835
restaurant@bachler.co.at
www.bachler.co.at

Öffnungszeiten:
Do. bis Sa. 17:00–24:00 Uhr
So. 10:00–16:00 Uhr

Küche:
Do. bis Sa. 11:30–14:00 und 18:00–21:30 Uhr
So. 11:30–14:00 Uhr

2022 Zertifiziert

Gault&Millau	★★★☆	15 Pkt.
Falstaff	★★★☆	92 Pkt.

Slow Food Mentoring aus der Küche

Gottfried und Ingrid Bachler sind ein Paradebeispiel für kulinarische Netzwerkdenker. Sie geben noch unbekannten Produzenten aus der Region eine Bühne und lassen sich im Miteinander auf dem „Marktplatz Mittelkärnten" zu neuen Ideen inspirieren. Im eigenen Restaurant verwöhnen sie Einheimische und Gäste mittags mit Bio-Hendl, Tafelspitz oder Curry mit Polenta draußen im romantischen Gastgarten, abends wird unter anderem Mousse von der Sirnitzer Räucherforelle oder Wild aus dem Metnitztal drinnen in der Fine-Dining-Stube serviert. Garniert und gewürzt mit selbst gesammelten Wildkräutern. Ein weiteres Highlight ist der Weinkeller mit einer Auswahl von 700 verschiedenen Weinen. Das größte Regal ist bestückt mit Kärntner Weinen. *aa*

Landgasthaus am „Hiegl"

Ein Dorf im Grünen, am Hügel über dem Längsee. Der Hügel heißt hier Hiegl, wenn es zum Liegl geht. Das ist ein wirklich feiner Landgasthof, mit eigener Landwirtschaft, großem Engagement und besonders lauschigem Gastgarten. Schon zum Gedeck gibt's Wurst und Pastete aus eigener Erzeugung, dazu selbst gebackene Brote. Hernach dürfen es saftige Braten, knusprige Backhendln oder zarte Stücke vom Fleisch (Wild!) sein, auch das Saiblingscarpaccio ist ein Klassiker. Weitum bekannt sind die feinen Spielarten der Kärntner Nudeln, gefüllt mit Kas (Topfen), Fleisch, Spinat oder den süßen Kletzen vulgo Dörrbirne. Und erst die Desserts – die sind die Leidenschaft von Elisabeth Liegl-Warmuth.
Das schmeckt man! *hg*

5,0

Liegl am Hiegl

Familie Warmuth
St. Peter bei Taggenbrunn 2
9313 St. Georgen am Längsee
T +43 4213 2124
office@lieglamhiegl.at
www.lieglamhiegl.at

Öffnungszeiten:
Juli, August: Di. und Mi. Ruhetag
Sept. bis Juni: Mo., Di., Mi. Ruhetag

Küche:
11:30–14:00 Uhr und ab 17:30 Uhr

2022 Zertifiziert

Gault&Millau 13,5 Pkt.
Falstaff 87 Pkt.

5,0

Gasthof zum Dorfschmied

Familie Müller
Marktstraße 16
9373 Klein St. Paul
T +43 4264 2280
T +43 676 5388597
zumdorfschmied@aon.at
www.zumdorfschmied.at

Öffnungszeiten:
Mi. bis Sa. 8:00–13:30 Uhr
und 17:30–20:30 Uhr
So. und Feiertag
8:00–14:00 Uhr

Küche:
Mi., Do. mittags auf Anfrage,
abends 18:00–20:00 Uhr
Fr., Sa. 11:30–13:30 und
18:00–20:00 Uhr
So. und Feiertag
11:30–14:00 Uhr

2022 Zertifiziert

Der Prototyp des Landgasthauses
Der Dorfschmied ist der Prototyp des guten, gepflegten Landgasthauses. Viele Grundprodukte – Schweine- und Rindfleisch – stammen aus eigener Bio-Landwirtschaft, für die Schnäpse hat man schon einige Preise bekommen.
Die Wirtsleute Josef und Julia Müller sind Qualitätsfanatiker. Das sieht und schmeckt man auf jedem Teller der mit Liebe verfeinerten Landhausküche, vom feinen, gemischten Carpaccio, beherzt gewürzten Tatar über Gerichte wie Eierschwammerl-Risotto bis zu den zarten Braten. Auch die Weinauswahl ist vorbildlich. Einmal pro Jahr mutiert der Dorfschmied im Sommer auch zu einer Buschenschank auf besonders hohem Niveau. *hg*

Gault&Millau 12 Pkt.
Falstaff 85 Pkt.

Zeit für Entdeckungen

„Es ist nicht die Zeit, in die Ferne zu schweifen, jetzt ist die Zeit für Entdeckungen, was uns Natur und Erde bieten." Die gesunde Philosophie von Anja Moritz und Küchenchef Roman Pichler, die gemeinsam ein kongeniales Team bilden, deckt sich mit dem Slow Food-Gedanken. Frische Gemüseraritäten, bunte Wildblumen und würzige Kräuter aus dem eigenen Garten liefern nicht nur die hübsche Optik auf dem Teller, sondern auch die Energie und den erlesenen Geschmack der Gerichte. Weite Wege müssen die Produkte und Zutaten nicht hinlegen. Lammfleisch und Schafmilchspezialitäten liefern die Meister in Sachen Nachhaltigkeit, die Familie Nuart, das Wild wählt der Spitzenkoch, der mit drei Gault & Millau-Hauben ausgezeichnet wurde und ein Meister des Würzens ist, gleich um die Ecke im Gut Riedenegg in Grafenstein. *et*

5,0

Restaurant Moritz

Anja Margaretha Moritz
Oberwuchel 5
9131 Grafenstein
T +43 664 4240316
info@restaurantmoritz.at
www.restaurantmoritz.at

Öffnungszeiten:
Di. bis Sa. ab 17:00 Uhr
So., Mo. Ruhetag

Küche:
Di. bis Sa. 17:00–21:30 Uhr

2022 Zertifiziert

Gault&Millau 16,5 Pkt.
Falstaff 91 Pkt.

5,0

Fischrestaurant Sicher

Wolfgang und Michael Sicher
Mühlenweg 2
9121 Tainach
T +43 4239 2638
office@sicherrestaurant.at
www.sicherrestaurant.at

Öffnungszeiten:
Mitte April bis 23. Dez.
Okt.: drei Wochen Betriebsurlaub

Küche:
11:30–14:00 Uhr und 18:00–21:30 Uhr
So., Mo. und Di. Ruhetag
Juli und August Di. bis Sa.

2022 Zertifiziert

Gault&Millau 17,5 Pkt.
Falstaff 91 Pkt.

Fisch mit Auszeichnung

Sicher ist, dass man nirgends in Kärnten so ausgezeichnet Fisch essen kann, wie bei den Brüdern Michael und Wolfgang Sicher. Wenige Meter neben dem neu gestalteten Gastgarten plätschert das frische Quellwasser, in dem Sichers Saiblinge und Forellen gezüchtet werden. Während der ersten kalten Herbsttage ernten sie gemeinsam den berühmten Saiblingskaviar, der nicht nur viele von Michaels Gerichten krönt, sondern auch bei Gourmetrestaurants begehrt ist. Als begnadete Gastwirte verstehen sie sich auch auf den Gemüseanbau, die Zucht seltener Sorten und aromatischer Kräuter. Quasi Slow Food im eigenen Haus. Akribisch ausgesucht werden die Lieferanten, von denen man nur wenige Kilometer entfernt Enten, Lammfleisch oder Käse kauft. *et*

Zeitlos und „bärig" gut

Das Motto lautet: zeitlos gute Küche, geerdeter Genuss. Beides hat „Bär" Josef Trippolt fraglos drauf, von Klassikern wie Röstspeck-Endiviensalat über grandios leichte Schaumsuppen bis zum superzarten geschmorten Wacholder-Reh, das der Koch selbst erlegt hat. Man speist hier mehrgängige Menüs oder à la carte, erfreut sich an regionalen Grundprodukten, an selbst gebackenem Brot und am gepflegten Ambiente dieses Restaurants im Herzen von Bad St. Leonhard. Zum Aperitif muss es natürlich ein Bärmut sein – Idee für diesen besonderen Wermuth by Silvia Trippolt, der Gastgeberin. Die Weinauswahl ist durchdacht kompetent, der Gastgarten hat hohen Wohlfühlcharakter. *hg*

5,0

Trippolt Zum Bären

Silvia und Josef Trippolt
Hauptplatz 7
9462 Bad St. Leonhard
T +43 4350 2257
office@zumbaeren.at
www.zumbaeren.at

Küche:
Mi. bis Sa. 11:30–14:00 Uhr
und 18:00–20:30 Uhr

2022 Zertifiziert

Gault&Millau	●●●○	15,5 Pkt.
Falstaff	●●●○	90 Pkt.
A la Carte	★★★☆	82 Pkt.

4,5 Schnecken

Die Jury verleiht 4,5 Schnecken nur an jene, die nahezu alles aus regionaler Produktion verwenden. Diese Gastgeber verstehen es, echte Lebensmittel achtsam zu veredeln und ihre Gäste zu begeistern. Außerdem verwenden sie alte Sorten und Raritäten. Das schätzen Einheimische, Gäste und Jurymitglieder. Natürlich mit geprüfter Qualitäts- und Herkunftssicherung.

Lieber Klasse statt Masse

Ohne regionale Produkte macht das Kochen für Wirt und Küchenchef Jürgen Bockenfeld keinen Sinn. Alles wird von ihm frisch von Hand gekocht. Dazu verwendet er über 130 verschiedene Lebensmittel direkt aus Kärnten. Das Fleisch vom Galloway-Rind holt er selbst im Mölltal beim Bergbauernhof ab. „Das ist etwas ganz Besonderes, weil das Fleisch hochwertig und zart, aber nicht so fett ist", schwärmt Bockenfeld. Die Kärntner Låxn stehen fast jeden zweiten Tag auf der Speisekarte, weil sie so gefragt sind. Keine Lust auf Fleisch oder Fisch? Das Ritschert gibt es auch vegetarisch mit Rollgerste und Gemüse. Vor der Einkehr unbedingt anrufen – mehr als 25 Gäste kann Bockenfeld pro Tag nicht bekochen.

aa

4,5

Berghotel HOIS ***superior

Familie Lackner
Winkl 80
9844 Heiligenblut
am Großglockner
T +43 4824 2015
hois@netway.at
www.berghotelhois.at

Öffnungszeiten:
In der Saison täglich, telefonische Voranmeldung

Küche:
Ab 18:00 Uhr

2022 Zertifiziert

4,5

BIOHOTEL Gralhof

Familie Knaller
Neusach 7
9762 Weissensee
T +43 4713 2213
info@gralhof.at
www.gralhof.at

Öffnungszeiten:
15. Mai bis 16. Okt. 2022

Küche:
Wir bitten um Voranmeldung!

2022 Zertifiziert

Gault&Millau 14,5 Pkt.
Falstaff 85 Pkt.

Genießen mit gutem Gewissen

Beim „Gralhof" am Weissensee passt einfach alles: Der sonnige Gastgarten mit Blick auf den See, die gemütlichen Stuben in dem alten Bauernhaus, die Herzlichkeit der Gastgeber Corinna und Michael Knaller und natürlich das Essen. „Alles Bio!" ist für die Bio-Pioniere selbstverständlich, viele Produkte kommen vom eigenen Bauernhof, alles wird selbst gemacht. Dabei gilt der Grundsatz: „Von der Wurzel bis zum Stängel und vom Filet bis zum Schweinsbauch!" Beziehungsweise bis zu den Innereien, denen der Donnerstag gewidmet ist. Am Mittwoch wird dafür rein vegetarisch gekocht. Für Hausgäste und Besucher gibt es am Abend ein Fünf-Gänge-Menü, zum Frühstück kann aus sechs Vorschlägen gewählt werden. *wd*

Naturküche im Schloss

Ein wenig an herrschaftliche Zeiten erinnert fühlt man sich schon, wenn man vor dem Schloss Lerchenhof in der Sonne sitzt und von Johann Steinwender mit Schmankerln aus seiner „Naturküche" verwöhnt wird.
Das kann ein Kalbstatar mit Zitrone und Gurke sein, oder – ganz altmodisch – ein Schweinsbraten mit Knödel und Sauerkraut. Der ist ein „Null-Kilometer-Klassiker": Lediglich das Kraut war sieben Kilometer unterwegs, alles andere kommt vom eigenen Hof. Auch die Specksorten auf dem Genussteller stammen ebenso wie das Brot aus der eigenen Produktion. Slow Food heißt im „Lerchenhof": Gekocht wird mit regionalen Produkten, die gerade Saison haben. Wo die Kräuter, das Gemüse oder der Honig herkommen, kann auf einem kleinen Spaziergang entdeckt werden. *wd*

4,5

Schloss Lerchenhof

Familie Steinwender
Untermöschach 8
9620 Hermagor
T +43 4282 2100
info@lerchenhof.at
www.lerchenhof.at

Öffnungszeiten:
Sommer: 12:00–21:00 Uhr
Winter: 12:00–21:00 Uhr

2022 Zertifiziert

Falstaff 81 Pkt.

4,5

Metzgerwirt

Familie Stadler
Hauptstraße 22
9545 Radenthein
T +43 4246 2052
stadler.emanuel@
metzgerwirt.co.at
www.metzgerwirt.co.at

Öffnungszeiten:
Täglich 7:30–22:30 Uhr
Mi. und Do. Ruhetag

Küche:
Täglich 11:00–21:00 Uhr

2022 Zertifiziert

Gault&Millau 13,5 Pkt.
Falstaff 86 Pkt.

Ein Wirt mit Leidenschaft

„From nose to tail", die Verarbeitung aller Teile eines Tieres, die heute wieder „in" ist, war beim gelernten Fleischhauer Emanuel Stadler immer schon Auftrag und Leidenschaft. Der Metzgerwirt ist einer der wenigen, der Kalbs- oder Lammnieren, geröstete Leber, gebackenes und gebratenes Bries und ein Beuscherl aufs Allerfeinste zubereiten kann. Das gebratene Gansl ist sowieso „Manis" Spezialität. Dass die Tiere von Kärntner Abstammung sind, versteht sich beim Obmann der Kärntner Wirtegemeinschaft „Aufkocher" von selbst. Stadler kann aber auch mit den Fischen aus dem Millstätter See oder von der nahen Fischzucht Hofer gut umgehen. Im Ganzen gebraten ist eine Reinanke eine seltene Köstlichkeit. Viel Herzblut verwendet man auch auf die süßen Verführungen und die Weine aus nah und fern. *et*

Uriges Ambiente trifft kreative Küche
Die Experimentierfreudigkeit des jungen Lavanttaler Küchenchefs David Regenfelder begeistert sofort. Schon die „Kostalan" am Anfang überraschen mit hausgebackenem Brot und köstlichen Aufstrichen. Neben den Klassikern aus heimischen Zutaten wie Käsespätzle, handgekrendelten Kasnudeln, Wiener Schnitzerl, wahlweise vom Kärntner Schwein oder vom Milchkalb, wagt sich der Chefkoch an eine Krautfleckerlkreation, die wirklich „einmal anders" ist, oder an ein Waller-Filet mit Prosecco-Weißkraut und Kren. Die Reihe der Köstlichkeiten mündet zu guter Letzt in Topfenstrudel mit Früchten, in Bauernhofeis aus den Nockbergen oder in der Spezialität des Hauses, der „Trattler Hoftorte". *et*

4,5

Trattlers Einkehr

Familie Forstnig
Teichstraße 7
9546 Bad Kleinkirchheim
T +43 4240 8114
einkehr@trattlerhof.at
www.trattlers-einkehr.at

Öffnungszeiten:
26.11.2021 bis 18.04.2022
und 13.05. bis 13.11.2022
täglich 11.00–24:00 Uhr
April, Mai, Juni, Okt., Nov.
Montag Ruhetag

Küche:
11:00–22:00 Uhr

2022 Zertifiziert

Falstaff 81 Pkt.

4,5

Gasthaus Bacher

Heidrun und
Jürgen Himberger
Gnesau 38
9563 Gnesau
T +43 4278 295
himberger.gnesau@aon.at
www.bachergnesau.com

Öffnungszeiten:
9:00–22:00 Uhr
Ruhetag Mi. und Do.
Juli u. August nur Mi. Ruhetag

Küche:
11:30–20:00 Uhr

2022 Zertifiziert

David kann kreative Hausmannskost
Der Bacher im netten „Knusperhaus" mitten in Gnesau gehört zur rar gewordenen Spezies der soliden Landgasthäuser, und ist eine verlässliche Adresse für unverfälschte Hausmannskost. Vor allem das Kärntner Ritschert und die handgekrendelten Nudeln mit allerlei köstlichen Füllungen (Selchfleisch, Kletzen, Topfen, Erdäpfel, Äpfel) sind vom Feinsten. Gut zu wissen, dass fast alles in der Region oder bei Bio-Produzenten eingekauft wird. Sohn David, der längst den Herd übernommen hat, lässt genussvoll seine Kreativität spielen. So ist die Suppe aus heimischen Fischen mit Gemüse und Safran – dazu gibts Schnittlauchbutterbrot – eine perfekte Komposition aus Tradition und Moderne. Der Kaiserschmarrn verbreitet seinen karamellisierten Zuckerduft im ganzen Raum und er hält, was der Duft verspricht. *et*

Gutes aus dem Slow Food Village

Wenn man sein Restaurant mitten im Slow Food Village Arriach betreibt, hat man eine besondere Verantwortung, die Bernhard und Claudia Trügler gerne wahrnehmen. In der Alten Point wird Slow Food sichtbar und erlebbar. Die Liste der bäuerlichen und heimischen Lieferanten, die den Küchenchef mit besten Produkten aus der Region beliefern, ist lange. Manchmal fischt Georg Olsacher eine kapitale Reinanke aus dem Millstätter See, die Trügler, im Ganzen gebraten, serviert. Dazu ein Glas aus der großen Veltliner-Auswahl – mehr braucht es nicht, um glücklich zu sein. Die butterweich geschmorten Wangerln vom Duroc-Schwein werden von Specklinsen begleitet. Wenn die Jagdvereine der Umgebung mit Wildfleisch anrücken, kommt ein feines Ragout vom Hirschkalb auf den Tisch. Selbstverständlich findet sich im Körberl hausgebackenes Brot. *et*

4,5

Alte Point

Claudia und Bernhard Trügler
Dorfplatz 4
9543 Arriach
T +43 4247 8523
office@altepoint.at
www.altepoint.at

Öffnungszeiten:
10:00–22:00 Uhr
Mo., Di. Ruhetag

Küche:
Do. bis So. 11:30–14:00 Uhr
und 18:00–21:00 Uhr
Mi. 17:00–21:00 Uhr

2022 Zertifiziert

Gault&Millau 13,5 Pkt.
Falstaff 88 Pkt.

4,5

Stiftsschmiede Fischrestaurant am See

Gerhard Satran
Ossiach 4
9570 Ossiach
T +43 6764011793
office@stiftsschmiede.at
www.stiftsschmiede.at

Öffnungszeiten:
Do. bis Sa. ab 17:30 Uhr, im Juli und August auch Mo., Di.
So. Mittagsbrunch

Küche:
17:30–22:00 Uhr

2022 Zertifiziert

Gault&Millau		13 Pkt.
Falstaff		87 Pkt.

Leidenschaft am Schmiedefeuer
Von der ehemaligen Schmiede ist im Lokal allenfalls innen etwas zu erkennen. Stilvoll sitzt man direkt am Wasser oder im verglasten Speisesaal. Von Weitem ist das ansteckende Lachen von Gerhard Satran zu hören, das einen kulinarisch rundum perfekten Abend verspricht. Verschrieben hat sich der Koch aus Leidenschaft der Fischküche, wobei er Süß- und Salzwasserfisch aus Wildfang bevorzugt. Biozertifiziert bringt er kreative Gerichte auf den Tisch, direkt von der Esse, an der er wirklich jeden Tag selbst steht und die die besten Rohprodukte frisch verkocht. Natürlich kann auch Fleisch den Weg auf den Teller finden, hier am liebsten Wild aus den Kärntner Wäldern. *gk*

Ein Schloss am Wörthersee

Für Thomas Gruber beginnt Kochen nicht erst in der Küche. Mit viel Herz wählt er gute Lebensmittel aus und achtet auf das Besondere. Er kauft Wachteln bei einem kleinen Bauern in Unterkärnten und schmort sie in einer Tajine mit heimischem Wurzelgemüse. Dass er diese Bodenständigkeit in einem so exklusiven Haus beibehalten kann, liegt auch an der Führungsebene. Im gesamten Komplex weht immer mehr ein Wind der Nachhaltigkeit: Joghurt vom Jungbauern aus der Umgebung, Sicher-Kaviar, Biohof Tomic, Naturkost Thausnig und die Seefischerei Brugger sind einige von vielen Lieferanten, mit denen Gruber gerne arbeitet – den Rest besorgt seine unerschöpfliche Kreativität. *gk*

4,5

Seespitz Restaurant & Living

Falkensteiner
Schlosshotel Velden
Schlosspark 1
9220 Velden am Wörthersee
T +43 4274 520000
schlosshotel
@falkensteiner.com
www.falkensteiner.com
/schlosshotel-velden
/restaurants-bars

Öffnungszeiten:
Täglich 11:30–22:00 Uhr

Küche:
11:30–17:00 Uhr und
18:00–20:45 Uhr

2022 Zertifiziert

Gault&Millau 13 Pkt.

4,5

Restaurant Leiten am Weingut Karnburg

Leiten 6
9063 Klagenfurt
am Wörthersee
T +43 676 3504220
restaurant@leiten.eu
www.leiten.eu

Öffnungszeiten:
Do., Fr. 16:00–22:00 Uhr
Sa., So., feiertags
12:00–22:00 Uhr

2022 Zertifiziert

Gault&Millau		13 Pkt.
Falstaff		84 Pkt.

Wenn die Winzer aufkochen
Ein Restaurant im steilen Weinberg? Ja, auch so etwas gibt es bei Klagenfurt, und zwar ob Stegendorf nahe Karnburg. Dort keltern Sem Kegley und Georg Lexer ausgezeichnete Weine und in Freilandgehegen werden Mangalitza- und Duroc-Schweine gezüchtet. Deren Speck, Würste und Fleisch findet man dann auch auf dem Teller und auf der Speisetafel des Restaurants Leiten, wo sich Küchenchef Leo Suppan einer sehr regionalen und saisonalen Küche verschrieben hat. Man wählt à la carte von der Tafel oder lässt sich vom Koch überraschen – mit feinen, ideenreichen Gerichten, von farbenfrohen Paprika-Tortellini bis zu den großartig flaumigen Topfenknödeln. Großartig ist auch die Aussicht von der Terrasse. *hg*

Gemütliches Landgasthaus
Der Traditionsbetrieb von Familie Neugebauer wird mit viel Engagement geführt. Neue Ideen und kreative Interpretationen kommen von Tochter Stefanie und Schwiegersohn Lothar Krings-Neugebauer, die bereits beide Erfahrung in internationalen Spitzenrestaurants sammelten. Die Küche ist Natur pur: Sensationell mundet das Sashimi vom Kärntner Saibling, das Backhendl als Klassiker ist saftig und knusprig, sehr empfehlenswert sind auch die Steaks. Das Lokal ist etwas abgelegen, aber unbedingt eine Reise wert. Tipp: Sie sollten rechtzeitig einen Tisch reservieren, besonders am Donnerstag- und Freitagabend, da gibt es Sushi. Viele Stammgäste fahren dafür extra nach Lölling. *et*

4,5

Landgasthof Neugebauer

Familie Krings-Neugebauer
Graben 6
9335 Lölling
T +43 4263 407
neugebauer@loelling.at
www.landgasthof-neugebauer.at

Öffnungszeiten:
Mo. und Di. Ruhetag

Küche:
Mi. bis Fr. 11:30–14:00 Uhr und 17:30–20:30 Uhr
Sa., So. und feiertags 11:30–19:30 Uhr

2022 Zertifiziert

Gault&Millau 12,5 Pkt.
Falstaff 83 Pkt.

4,0 Schnecken

Die Jury verleiht 4 Schnecken an Betriebe, die überwiegend Lebensmittel aus ihrem nahen Lebensraum verwenden. Frisch und saisonal servieren sie heimische Gerichte. Nachhaltig und ohne Verschwendung setzen sie auf die Verarbeitung „from nose to tail". Ihre handwerkliche Fertigkeit ist bei Gerichten zu schmecken und zu spüren. Mit geprüfter Qualitäts- und Herkunftssicherung.

Kärntner Wein zum Kärntner Essen

Wenn etwas Beständigkeit hat, dann ist es die echte Wirtshausküche im „Gasthof Zur Schmiede". Küchenchef Franz Weiss lebt die traditionelle Wirtshauskultur mit Bodenständigkeit und Vielfalt der Saisonalität. Deshalb gibt es kein Aufwärmen oder Vorkochen. Alles kommt frisch auf den Tisch mit Zutaten aus dem Ort und dem Oberen Drautal. Für Abwechslung auf der Speisekarte sorgen saisonale Schmankerln wie das Bio-Gansl. Was es aber immer gibt, ist der zeitlose Klassiker „Schmieden Cordon bleu" mit Kräutertopfen und Bauerngeselchtem sowie die hausgemachten Torten und Kuchen. Die Hausvinothek „Paolo Santonino" hat die Familie ausschließlich mit österreichischen und Kärntner Weinen ausgestattet.
aa

4,0

Gasthof zur Schmiede

Familie Michaela und Franz Weiss
Berg 4
9771 Berg im Drautal
T +43 4712 562
info@gasthofzurschmiede-berg.at
www.gasthofzurschmiede-berg.at

Öffnungszeiten:
Mi. bis Sa. 11:00–22:00 Uhr
So. 9:00–22:00 Uhr
Mo., Di. Ruhetag
in den Sommermonaten Mo., Di. ab 17:00 Uhr geöffnet

Küche:
11:30–14:00 Uhr und
17:30–20:30 Uhr

2022 Zertifiziert

4,0

Landhof Irschen

Markus Locker
Stresweg 8
9773 Irschen
T +43 4710 20048
info@landhof-irschen.at
www.landhof-irschen.at

Öffnungszeiten:
Mai bis Ende Okt. und
Dez. bis Jänner
Feiern nach Absprache

Küche:
7:30–10:00 Uhr Frühstück
18:00–20:30 Uhr Abendessen

2022 Zertifiziert

Küche mit Kräuterpower
Würzige Wildkräuter für die Kasnudln. Brennnesseln für noch mehr grüne Power in den Spinat-Knödeln. Frische Minze aus dem Garten für den Kärntner Reindling und die Extra-Portion Überraschung beim Kaffee. Wer im Kräuterdorf Irschen ansässig ist, kommt um das Kochen mit Kräutern nicht herum. Das ist naturnah und nachhaltig. Markus Locker lässt sich von Wiese und Wald immer wieder neu inspirieren und fühlt sich verbunden mit den Lebensmitteln der Region. Schließlich bedeutet für ihn Slow Food sowohl in seinem Hotel-Restaurant als auch im Café Liebstöckel mit Marktplatz neben Regionalität auch Zusammenhalt und Geschmack. *aa*

Hauptsache Lamm

Es gibt viele gute Gründe in den „Nagglerhof" am Weissensee zu kommen, einer davon ist ganz sicher die atemberaubende Aussicht über den See und die umliegenden Berge. Kulinarisch lockt der „Nagglerhof" Stammgäste aus ganz Kärnten mit seinen Lammfleisch-Spezialitäten. Die Tiere wachsen auf dem eigenen Bauernhof auf, verarbeitet wird das ganze Lamm.

Highlights sind neben rosa gebratenem Rücken und Stelzen auch Innereien wie Beuschel oder frische Lammleber. Ebenfalls auf dem Hof gezüchtet werden Angus-Rinder – ein Klassiker ist der geschmorte Braten. Was nicht selbst erzeugt wird – Gemüse, Fisch, Brot oder Rohmilchkäse – kommt von Produzenten aus der Region. Ein eigenes Slow Food-Menü verwöhnt Gäste, die bewusst genießen wollen. *wd*

4,0

Der Nagglerhof Hotel, Restaurant, Bauernhof & Hoffleischerei

Christian Lilg &
Martin Holzfeind
Naggl 2
9762 Weissensee
T +43 4713 2106
info@nagglerhof.com
www.nagglerhof.com

Öffnungszeiten:
Weihnachten bis Anfang März und Anfang Mai bis Ende Oktober

Küche:
11:30–13:30 Uhr
17:30–20:30 Uhr
Di. Ruhetag

2022 Zertifiziert

4,0

Strandhotel am Weissensee

Alpenzart Hotel GmbH
Neusach 18
9762 Weissensee
T +43 4713 2219
info@strandhotel-weissensee.at
www.strandhotel-weissensee.at

Öffnungszeiten:
23.12.2021 bis 6.3.2022
8.4.2022 bis 2.11.2022

Küche:
Strandcafé im See-Spa:
12:00–18:00 Uhr
Restaurant im Strandhotel:
18:30–20:30 Uhr

2022 Zertifiziert

Falstaff 87 Pkt.

Grün groß im Geschmack

Jedes regionale Lebensmittel aus der Natur ist wertvoll. Entsprechend wird achtsam und dankbar damit in der Küche vom Strandhotel am Weissensee umgegangen. Das ist Küchenchef Andreas Leib vom ersten rein vegetarischen Genusshotel Österreichs wichtig. Es wird fast ausschließlich biologisch gekocht. Die Kräuter kommen aus dem eigenen Garten. Wer beim Spaziergang rund um den See oder vom Wellnessen eine Pause braucht, kehrt im Strandcafé ein und probiert kreative Snacks wie den Hot Pot, den Eintopf des Tages oder die Erdäpfel-Lauch-Petersilcremesuppe. Abends werden im Hotel drei oder vier Gänge gereicht, die überraschend vielfältig sind – vom Waldpilzbraten bis zur Wirsingroulade. *aa*

Treffpunkt für Einheimische und Gäste
Für hausgemachte Kärntner Küche und Wirtshausklassiker ist der „Tröpolacherhof" bekannt. Käs- und Erdäpfelnudeln oder Gailtaler Fleischkrapfen werden traditionsgemäß gekrendelt, im Ritschert ist nicht zu wenig Geselchtes, Beuschel oder Blutwurst-Gröstl mit Sauerkraut werden nach überlieferten Rezepten der Oma gekocht. In der Küche werkt mit Christine Filippitsch mit Tochter Stefanie und Sohn Martin bereits die fünfte Generation der Familie Filippitsch. Peter Filippitsch und sein Schwiegersohn Michael umsorgen die Gäste im Restaurant. Neben den Kärntner Spezialitäten stehen je nach Saison auch Spargel, Schwammerln oder Wild auf der Speisekarte. Palatschinken oder ein Apfelstrudel mit Schlagobers schmecken zum Nachtisch. *wd*

4,0

Der Tröpolacherhof

3-Stern-Superior-Hotel
& Restaurant
Familie Filippitsch
Tröpolach 52
9631 Tröpolach
T +43 4285 254
office@troepolacherhof.at
www.troepolacherhof.at

Öffnungszeiten:
8:00–22:00 Uhr
Mittwoch Ruhetag
Betriebsurlaub: April, Nov.

Küche:
11:30–14:00 Uhr und
17:30–20:00 Uhr

2022 Zertifiziert

4,0

mo.wi. Restaurant

Familie Moser-Winkler
Hauptstraße 48
9871 Seeboden
T +43 4762 81400
hotel@moserhof.com
www.moserhof.com

Öffnungszeiten:
Ganzjährig

Küche:
Di. bis Sa. 16:00–21:00 Uhr
So., Mo. Ruhetag
Um Tischreservierung wird gebeten unter +43 4762 81400 55 oder hotel@moserhof.com

2022 Zertifiziert

Falstaff 83 Pkt.

Lebe Genuss

Alpinus-Lachs aus dem Millstätter See, Bio-Hühner aus Unteramlach, Wild aus dem eigenen Jagdrevier im Langalmtal und Bergkäse aus Spittal: Regionalität und Nachhaltigkeit wird im mo.wi. Restaurant gelebt. „Wir wissen, woher unsere Zutaten kommen und möchten mit großartigen regionalen Produkten arbeiten und unsere Gäste damit glücklich machen." Obst und Gemüse werden auf dem eigenen Acker angebaut und frisch verarbeitet. Neben den Fleischklassikern finden sich auf der Karte auch vegetarische Gerichte, moderne Salat-Bowls und regionale Fischgerichte. Alle Speisen werden glutamatfrei zubereitet. *gw*

Ehrlich naturecht gekocht

Brigitta Baumann ist nur kurz weg. Fürs Omelette holt sie die Kräuter und bunte Blüten frisch aus dem Garten. Das lässt sie sich nicht nehmen. Hoch über dem Millstätter See gehört ihre Leidenschaft den Pflanzenkräften und der Gastfreundschaft. Beides gehört zur DNA der Alpenrose, die jetzt von der jungen Generation, ihrem Neffen Benjamin Obweger und seiner Frau Birgit, mit Engagement und Liebe weitergeführt wird. Was bleibt, ist natürlich die naturechte Küche, die sorgfältige Auswahl der regionalen Lieferanten, das begeisterte Erzählen der Geschichten hinter den Produkten und der tolle Ausblick von der Terrasse hinunter auf den Millstätter See. Unvergleichlich gut: der Brunch zu besonderen Anlässen. *aa*

4,0

Naturhotel Alpenrose

Familie Obweger-Baumann
Obermillstatt 84
9872 Millstatt am See
T +43 4766 2500
info@naturhotel-alpenrose.at
www.naturhotel-alpenrose.at

Öffnungszeiten:
18. März bis 13. Nov. 2022
26. Dez. bis 8. Jänner 2023

Küche:
Unsere Spezialität:
naturECHTes Frühstück
8:00–10:30 Uhr
Abendgenuss
19:00–20:00 Uhr
Mittags 13:00–14:00 Uhr
Salat und Suppe vom Buffet
Nachmittags Kaffee und Kuchen

2022 Zertifiziert

4,0

Das Moerisch

Familie Moerisch
Tangern 2
9871 Seeboden am
Millstätter See
T +43 4762 81372
info@moerisch.at
www.moerisch.at

Öffnungszeiten:
À-la-carte-Restaurant
18:00–21:00 Uhr.
Kein Ruhetag.

2022 Zertifiziert

Falstaff 85 Pkt.

Millsätter See kulinarisch erleben
Auf dem See ist Fischer Hans Madl schon frühmorgens unterwegs, um Reinanke und Saiblinge an die Angel zu kriegen, die er im Moerisch abliefert. Das Küchenteam brät sie am liebsten im Ganzen. Eine „Wilde Liaison" gehen Fasan und Hirsch ein. Hotelier Sigi Moerisch ist selbst passionierter Jäger und sorgt jederzeit für ein schönes Stück Wildbret. Der Hansbauer aus Kötzing bringt täglich frische Eier und Imker Egger sorgt für den Zirbenhonig, der im Zirbenparfait Verwendung findet. Alles, was im eigenen Obstgarten wächst, wird zu Marmeladen und Chutneys verarbeitet. Das Haus bietet regionale Küche mit gesunden Produkten aus der Umgebung dazu wunderbare Landschaft und angenehme Hotel-Atmosphäre. *aa*

Leidenschaftliche Selbermacher

Obstbäume, Naturgarten, Hausselch, Fischteich, Eigenjagd, Wasserquelle. Es sind nur wenige Lebensmittel, die Kathrin und Herwig Zollner nicht in ihrer eigenen Landwirtschaft selbst produzieren. Und das, was noch fehlt, holen sie sich bei den umliegenden Bauern oder Produzenten. Frischer und mit kürzeren Transportwegen geht's gar nicht. Die von Hand gekrendelten Kärntner Nudeln sind gefüllt mit Saibling, der Hirschbraten von der Egger Alm zergeht auf der Zunge und die hausgeräucherten Schinken- und Speckspezialitäten duften verführerisch. Die Speisen auf der Karte orientieren sich nach den Jahreszeiten und reichen von klassischen Schmankerln bis hin zu vegetarischen Alternativen. *aa*

4,0

Hotel Restaurant Zollner

Kathrin und Herwig Zollner
Finkensteiner Straße 14
9585 Gödersdorf
T +43 4257 2856
office@hotel-zollner.at
www.hotel-zollner.at

Öffnungszeiten:
Täglich 7:00–24:00 Uhr
Kein Ruhetag

Küche:
11:30–14:00 Uhr
und 17:00–21:00 Uhr

2022 Zertifiziert

4,0

Gasthof Prunner

Familie Prunner
Hauptplatz 15
9853 Gmünd
T +43 4732 2187
prunner.gmuend@aon.at
www.prunner-gmuend.at

Öffnungszeiten:
9:00–22:00 Uhr
Ruhetag: Di. von Anfang Sept. bis Ende Juni

Küche:
11:30–14:00 Uhr und
17:30–20:30 Uhr

2022 Zertifiziert

Das Beste ist hausgemacht

Der Gasthof Prunner direkt neben dem Stadttor in der Künstlerstadt Gmünd gehört zu den wenigen Lokalen, bei denen noch ein ganzes Kalb angeliefert wird. Denn „from nose to tail" wird alles in der Küche verwendet – Leber, Beuschl, Kalbsbraten. Selbiges gilt fürs Schwein – so wird zum Beispiel aus dem Kopffleisch Sulze oder aus der Leber ein Knödel. Nichts soll verschwendet werden. „Wir verwenden so viele eigene Produkte wie möglich und das möglichst frisch", heißt es aus der Küche. Sauerkraut wird selber geschnitten, Gemüse für den Winter eingelegt, Kräuter aus dem Garten geholt. Beliebt bei Einheimischen und Gästen sind Rindsbraten, gebackenes Kitz oder die hausgemachten Nudeln mit verschiedenen Füllungen. *aa*

Für Augen und Gaumen
Karotten, Erdäpfel, Radieschen oder Tomaten – alle kommen bei Wirtin Andrea Feistritzer unter das Messer. In ihrer Küche ist eben Handarbeit angesagt. Die Saison startet sie traditionell mit Ente, zu Saisonende gibt es Gans. Beides kommt aus dem Lavanttal. Und dazwischen kommen heimische Spezialitäten und gut bürgerliche Küche auf den Tisch. Brot wird selbst gebacken, für andere Lebensmittel gelten kurze Wege: Huhn, Fisch und Lamm kommen von den Maltataler Bauern. Die gekrendelten Kasnudeln sind mit Wiesenblumen garniert. Die Wirtstochter bringt als Weidfrau frisches Wild auf den Teller. Eine Weiberwirtschaft im positiven Sinn mit erlesenem Geschmack und echtem Kochhandwerk. *aa*

4,0

Restaurant Fallerhütte

Brandstatt 8
9854 Malta
T +43 4733 361
fallerhuette@gmail.com
www.fallerhuette.at

Öffnungszeiten:
Anfang Mai bis Ende Nov.
9:00–20:00 Uhr

Küche:
11:30–19:00 Uhr

2022 Zertifiziert

4,0

Gasthof Post

Familie Elisabeth Heiß
Rennweg 5
9863 Rennweg am Katschberg
T +43 4734 204
info@gasthofpost-rennweg.at
www.gasthofpost-rennweg.at

Öffnungszeiten:
Täglich 7:00–23:00 Uhr

Küche:
Täglich 11:00–14:30 Uhr
und 16:30–21:00 Uhr
Im Winter 15:00–21:00 Uhr

2022 Zertifiziert

315 Jahre Gasthaustradition
Drei Jahrhunderte Erfahrung in der Gastronomie ist schon etwas Besonderes für eine Familie. Aber Elisabeth Heiß ruht sich nicht auf den Lorbeeren der Vorfahren aus, sondern bringt in elfter Generation jungen Schwung in die Wirtshausküche. Alte Rezepte werden modern gekocht wie der Fisch aus dem eigenen Almteich oder die Wildgerichte aus der Eigenjagd. Was möglich ist, wird selbst gemacht wie die Variationen von den Kärntner Nudeln oder die Mehlspeisen für den süßen Abschluss. Die Zutaten dafür kommen aus der Region und variieren nach der saisonalen Verfügbarkeit. Das eigens kreierte Hausbier „Knappenbräu" erinnert an die Geschichte des Traditionshauses.
aa

See und Berge vor der Haustüre

Der Lindenhof liegt so nah am See, da ergibt sich die kreative Fischküche von selbst. Der Kärntner Låxn kommt aus dem Brennsee, die Reinanke aus dem Millstätter See. Gold-, Regenbogen- oder Tigerforelle bezieht Hannes Nindler direkt gegenüber, von der Fischzucht Andreas Hofer. Und weil nicht nur der idyllische See vor der Haustüre liegt, sondern auch die Nockberge, stehen Paillard, Beef Tatare oder Entrecote vom Nockberge Almrind auf der Speisekarte. Das gegrillte Bauernhendl im Lindenhof-Sandwich stammt vom Huaba Bauern aus Feld am See. Eine sympathische Idee: Die Radlerei, wo man zu Mittag kleine, frisch gekochte Gerichte genießen kann, die es auch im Glasl zum Mitnehmen gibt. In der kleinen Greißlerei findet man besondere „Feinheiten" von heimischen Produzenten. Slow Food à la carte. *et*

4,0

Landhotel Lindenhof

Angelika und Hannes Nindler
Kirchenplatz 2
9544 Feld am See
T +43 4246 2274
urlaub@landhotel-lindenhof.at
www.landhotel-lindenhof.at

Öffnungszeiten:
À-la-carte-Gourmet-Stuben
1. Mai bis 1. Okt.

Küche:
À-la-carte-Gourmet-Stuben
Do. bis So. 18:00–21:30 Uhr

2022 Zertifiziert

Gault&Millau	13 Pkt.
Falstaff	86 Pkt.

4,0

gellius

Brigitte Gell
Dorfstraße 74
9546 Bad Kleinkirchheim
T +43 664 2126526
office@gellius.at
www.gellius.at

Öffnungszeiten:
Mo. bis So. 11:30–23:00 Uhr

Küche:
11:30–20:30 Uhr

2022 Zertifiziert

Viel Wärme in der Therme

Das Thermenrestaurant im Römerbad ist von der Herzlichkeit und Wärme des Teams rund um Brigitte Gell geprägt. Stapel von Büchern, Lampen, Bilder geben dem Raum einen wohnlichen Touch. Ob Säfte, Fleisch, Brot oder Fisch – Küchenchefin Brigitte Gell macht es sichtlich Spaß, besondere Lebensmittel von Nachbarn zu erwerben und daraus kreative Gerichte zu fabrizieren. Selbst gemachte Soßen zum Kärntner Burger oder zu den Fish and Chips nach heimischer Façon verstehen sich von selbst. Das rahmige Kalbsgulasch braucht kein Messer und die knusprige Lachsforelle vom Hofer nichts, als guten Appetit. Erfreulich sind auch die täglich wechselnden Tellergerichte, die vor allem Slow Food-affine Einheimische zu Mittag genießen. *et*

Ein Gefühl des Heimkommens
So stellt man sich eine idyllische Hütte in den Bergen vor. Im Sommer leuchten rote Geranien am Holzbalkon, im Winter türmt sich glitzernder Schnee rund ums Haus. Und nirgendwo ein Auto. Herrlich. Die Unterwirthütte kann man nur mit Wanderschuhen, im Winter mit Skiern oder einem Traktortaxi erreichen. In der Stube überkommt einen das heimelige Gefühl des Heimkommens. Vor allem wenn der Kaiserschmarrn, die hausgemachten Kletzennudeln und die berühmte Unterwirt-Cremeschnitte ihren Duft verbreiten. Vorher sollte man den Schweinsbraten mit Knödeln, die Käsnudeln oder den knusprig gebratenen Kärntner Låxn probieren. Caroline Krenn ist es ein Anliegen, dass die Produkte von Produzenten der Region stammen. Eine Hütte, die man gar nicht mehr verlassen möchte, würde nicht das Traktortaxi vor der Türe warten. *et*

4,0

Unterwirt Hüttn

Familie Krenn
Maibrunnabfahrt – Kleinkirchheim 8
9546 Bad Kleinkirchheim
T +43 699 17198508
huette@unterwirt-bkk.at
www.unterwirt-bkk.at

Öffnungszeiten:
Mitte Dez. bis Ende März und Pfingsten bis Ende Oktober

Küche:
10:00–16:00 Uhr

2022 Zertifiziert

4,0

Landgasthaus Zeilinger

Michael Oberrauter
Turracher Straße 18
9562 Himmelberg
T +43 4276 37831
info@landgasthaus-zeilinger.at
www.landgasthaus-zeilinger.at

Öffnungszeiten:
So. 9:00–23:00 Uhr
Do. bis Mo. 11:00–23:00 Uhr

Küche:
11:30–21:00 Uhr

2022 Zertifiziert

Falstaff 82 Pkt.

So kreiert man Feinschmecker

Selbst die Kindergerichte entbehren nicht einer liebevollen Kreativität. Neben Wiener Schnitzel und Würstl serviert man den kleinen Gästen auch Penne mit feinem Kirschtomatenragout oder Schinken-Käselaibchen mit Gemüse. So zieht Küchenchef Michael Oberrauter schon beizeiten Feinschmecker heran, die sich dann an seinem gebratenen Filet vom Kärntner Låxn auf rote Rübennudeln oder dem sautierten Zwiebelrostbraten mit Speckgemüse erfreuen. Seine Liebe zum Detail weitet Oberrauter bis zu den Salaten aus, deren Dressings zu den köstlichsten weit und breit gehören. Ein Highlight sind die cremige Erdäpfelsuppe mit heimischen Pilzen oder die kräftige Rindsuppe mit Schlickkrapferln. Das Konzept der saisonalen und regionalen Zutaten wird von der Vor- bis zur Nachspeise rigoros durchgezogen. *et*

Kulinarischer Jahresreigen

Leichtes im Frühling, ein Lamm zu Ostern, Eierschwammerln im Sommer, Wild und Gans im Herbst, Ente und Karpfen in der Adventzeit. Bernd Mitterer richtet seine Speisekarte nach den Köstlichkeiten der Saison und setzt dabei auf eine traditionelle Wirtshausküche. Die feinen Lebensmittel und Zutaten für die Gerichte kommen von der Bäuerin aus der Nachbarschaft und anderen Kärntner Produzenten, die Wert auf gute Qualität legen. So viel wie möglich macht der Wirt aber selbst. Dazu kommt der herrliche Ausblick von der sonnigen Terrasse über den Ossiacher See. Ein Ort, an dem auch Einheimische immer wieder gerne einkehren. Gemütlich und gschmackig, wie es in einem Wirtshaus sein soll. *aa*

4,0

Stofflwirt

Familie Bernd Mitterer
Deutschberg 6
9551 Bodensdorf
T +43 4243 6920
stofflwirt.mitterer@aon.at
www.stofflwirt.at

Öffnungszeiten:
11.00–23.00 Uhr
Sept. bis Juni Mo., Di. Ruhetag
Juli und August Mo. Ruhetag

Küche:
11:30–13:45 Uhr und
17:30–20:30 Uhr

2022 Zertifiziert

Falstaff 84 Pkt.

4,0

Frierss Feines Haus Restaurant – Gourmet – Feinkost

Gewerbezeile 2
9500 Villach
T +43 4242 304045
info@feines-haus.at
www.feines-haus.at

Öffnungszeiten:
Restaurant Mo. bis Sa.
9:00–23:00 Uhr
So. und Feiertag geschlossen

Küche:
von 11:30–14:30 Uhr und
von 18:00–21:30 Uhr

2022 Zertifiziert

Gault&Millau		16,5 Pkt.
Falstaff		93 Pkt.
A la Carte	★★★★	94 Pkt.

Ein Feines Haus des guten Geschmacks

Im Feinen Haus der Familie Frierss wird die Lust auf Genuss auf vielerlei Art gestillt. Ob man seinen Appetit zwischendurch bei einem Imbiss im Feinkostladen stillt, einen feinen Tagesteller in der Mittagspause zu sich nimmt, oder sich von einem der besten Köche Kärntens, Stefan Lastin, mit einem Gourmet-Menü verwöhnen lässt. Die langjährige Fleischerei-Tradition des Familienbetriebes spielt ihre Trümpfe gekonnt aus. Zum Beispiel mit den Wurst- und Schinkenspezialitäten (Prosciutto Castello). Lastin kann im Gourmet-Restaurant aus dem Vollen schöpfen und frönt mit großer Leidenschaft der Slow Food-Philosophie. Dazu gehört, dass vom Backerl über die Zunge bis zur zarten Leber und zum Beuscherl alles perfekt zubereitet wird – als Bekenntnis zur Nachhaltigkeit und zum guten Geschmack. *et*

Köstlich in die Vollen

Der König des Waldes als Hirschburger, ein feiner Bachsaibling auf Gemüserisotto und wunderbare Kärntner Nudeln, dafür ist der Jedermann bekannt und beliebt. Beeindruckend ist die große Auswahl an Steaks, das Steakfleisch ist mindestens 28 Tage gereift und kommt aus Österreich. Regionalität und Nachhaltigkeit werden großgeschrieben. Fast alle Lebensmittel kommen aus Kärnten, wie der Fisch von der Fischzucht Payr und das frische Gemüse von der Familie Robitsch. Besonders beliebt sind die saisonalen Gerichte wie der Lavanttaler Spargel im Frühling sowie feine Kürbisgerichte und Wild aus Kärnten. Die Wirtsleute Petra und Christian Prasser setzen auf die Fleischverarbeitung „from nose to tail" und verarbeiten Obst in der Saison zu herrlichen Marmeladen und Säften. Unser Tipp: Unbedingt die hausgemachten Säfte probieren. *aa*

4,0

Restaurant, Wirtshaus, Kegelbahnen Jedermann

Petra und Christian Prasser
Bleiberger Straße 107
9500 Villach
T +43 4242 55860
office@jedermann.info
www.jedermann.info

Öffnungszeiten:
Ab 11:00 Uhr
Mo., Di. Ruhetag

Küche:
Mi., Do., Fr. 11:30–14:00 Uhr
und 17:00–21:30 Uhr
Sa. 11:30–21:30 Uhr
So. 11:30–20:00 Uhr

2022 Zertifiziert

4,0

Dorfwirt Schönleitn

Michaela Tiefenbacher
Dorfstraße 26
9582 Latschach/Oberaichwald
T +43 4254 2384
dorfwirt@schoenleitn.at
www.dorfwirtschoenleitn.at

Öffnungszeiten:
Täglich 12:00–22:00 Uhr

Küche:
12:00–21:00 Uhr, mit einer kleinen Karte am Nachmittag

2022 Zertifiziert

Ein Wirtshaus wie damals

Der rustikal-urige Charakter des Dorfwirts spiegelt sich im Essen wider: Küchenchef Marco van den Broek setzt auf die Kombination von Tradition und Moderne. Sein Credo: Kulinarik wird durch regionale und saisonale Zutaten nicht nur besser, sondern verbindet auch gleich. So kommt einmal in der Woche die Dorfbäuerin und zeigt, wie man Brot im Holzofen bäckt. Neben Nockfleisch und weißem Landmais kommen Wieseneier aus Landskron oder Fisch aus Feld am See auf den Tisch. Ergänzt wird das Angebot mit einer gut bestückten Vinothek mit Alpe-Adria-Weinen und -Bieren. Wer sich nicht entscheiden kann, greift zu den per Hand gekrendelten Kasnudeln oder Schlipfkrapfen aus dem Lesachtal. *aa*

Ein stimmiges Paket

Die Fische auf den Tellern von Thomas Eichwald kommen aus dem Wörthersee oder aus Piran. Ganze Tiere werden vom Hubertushof direkt angekauft und ganzheitlich nach der „from nose to tail"-Philosophie verwertet. Das ergibt dann eine Innereienküche, wie man sie nur selten um den Wörthersee findet – dazu zählen geröstete Lammleber mit Zunge, Bries, Beuschl und Herzragout mit feinen Beilagen. Das ganzheitliche Denken umfasst den engen Kontakt zu den Produzenten, gemeinsame Planung von Anpflanzung auf dem Acker bis hin zur Schlachtung direkt aus dem Stall. Christian Hermann aus dem Rosental liefert Erbsenkraut oder Fuchsienblüten und auch Stefan Bachmann vom Hof Kunz trägt mit seinem Gemüse zur farben- und geschmacksintensiven Speisekarte bei. *gk*

4,0

SEEHOTEL HUBERTUSHOF „IM GARTEN"

Familie Kenney
Europaplatz 1
9220 Velden am Wörthersee
T +43 4274 26760
office@seehotelhubertushof.com
www.seehotelhubertushof.com

Öffnungszeiten:
Täglich 11:00–23:30 Uhr

Küche:
Täglich 12:30–14:30 Uhr
und 18:30–21:30 Uhr

2022 Zertifiziert

Gault&Millau 13,5 Pkt.
Falstaff 85 Pkt.

4,0

das Balance****S

Familie Grossmann
Winklerner Straße 68
9210 Pörtschach
am Wörthersee
T +43 4272 2479
office@balancehotel.at
www.balancehotel.at

Öffnungszeiten:
Mo. bis So. 18:00–22.00 Uhr
Nov. und März geschlossen

Küche:
Mo. bis So. 18.00–22.00 Uhr

2022 Zertifiziert

Falstaff 87 Pkt.

Ein Ort der Kreativität

Kunstvoll ist das Ambiente im Gourmetrestaurant mit Blick auf den Wörthersee, denn die Küchenchefin Andrea Grossmann sprüht vor Kreativität. Abwechselnd schwingt sie den Kochlöffel und den Malpinsel. Beides mit viel Gespür für Ästhetik. Wobei beim Essen dann noch die gesunde Regionalität dazukommt. Die Fische haben vom See keinen weiten Weg auf den Teller und auch die anderen Ingredienzien stammen aus der Umgebung. Das Rind sogar vom Hof des Bruders. Was echte Kärntner Rouladen auszeichnet und wie gut Weidelamm mit Fisch zusammenpasst, verrät sie darüber hinaus bei ihren Kochkursen, wo genauso leicht und modern mit traditionellen Wurzeln gekocht wird, wie in ihrem Restaurant. *aa*

Wohlfühlen und genießen

Ganz nach ihrem Motto „Die Kunst, einfach zu genießen" sorgen Maria Frank und Tochter Ines mit weiblichem Charme und viel Gespür für die Wünsche ihrer Gäste dafür, dass sich genussfreudige Menschen im entspannten Ambiente des Soleo so richtig wohlfühlen. Die vielen Stammgäste schätzen die unaufdringliche, aber aufmerksame Art des Teams rund um die beiden charmanten Gastgeberinnen und die geschmackvollen Slow Food-Kreationen von Küchenchef Florian Schnurrer, die mit einer Prise Exotik und Mittelmeer überraschen. Die nicht alltägliche Karte wechselt je nach Saison, was konstant bleibt, ist die Qualität und die Vielfalt der regionalen Produkte sorgfältig ausgewählter Hersteller. Das kulinarische Erlebnis wird durch die hervorragende Weinauswahl perfekt. *ih*

4,0

Restaurant Soleo

Familie Frank
Am Föhrenwald 17
9201 Krumpendorf
am Wörthersee
T +43 4229 24760
office@soleo.at
www.soleo.at

Öffnungszeiten:
Di. bis Sa. ab 17:30 Uhr
So. 12:00–15:00 Uhr
So. im Juli und Aug. ab 17:30 Uhr
Mo. Ruhetag

Küche:
Di. bis Sa. 17:30–22:00 Uhr
So. 12:00–15:00 Uhr
So. im Juli und Aug. 17:30–22:00 Uhr

2022 Zertifiziert

Falstaff	86 Pkt.

4,0

Kochwerkstatt

Christian Cabalier
Benediktinerplatz
Stand 15–16, Halle
9020 Klagenfurt am Wörthersee
T +43 664 2178877
christiancabalier@gmail.com

Öffnungszeiten:
Di. bis Sa. ab 10:00 Uhr

Küche:
11:00–15:00 Uhr warme Küche
Nachmittag/Abend auf Bestellung

2022 Zertifiziert

Gault&Millau	1 von 4 Hauben	12,5 Pkt.
Falstaff	2 von 4 Gabeln	86 Pkt.

Ein Ort zum Genießen

So wie die regionalen Bauernläden und die bunten Obst- und Gemüsestände auf dem Benediktinermarkt ist die kleine Gourmetstube eine Institution geworden und nicht vom Marktgeschehen wegzudenken. Spitzenkoch Christian Cabalier und sein Team verzaubern ihre Gäste zu Marktzeiten mit kärtnerisch-mediterranen Köstlichkeiten. Er hat das Glück, vor seiner Türe frischeste regionale Zutaten vorzufinden. So gehören das Beef Tatar, Ravioli mit Steinpilz- oder Lasagnefüllung und der Kärntner Låxn mit Risotto zu den Spezialitäten des Hauses. Auch den zart flaumigen Topfenknödel auf Zwetschenröster sollte man probiert haben. An sonnigen Tagen lädt vor allem das große Weinangebot zum Verweilen ein. Vom Tignanello bis zu Kärntner Bio-Weinen wird jeder Geschmack getroffen. Ein Ort, der zum Genießen einlädt.
et

Fast Vergessenes auf dem Teller

Gesottenes, also gesiedetes, Rindfleisch nach alter Tradition. Ein Wildmosthendl wie es früher gekocht wurde. Oder die klassischen Kärntner Nudeln, aber ein bisschen anders mit Kürbisfüllung. Wirt und Küchenchef Zlatko Konec versteht es, die Gäste mit fast vergessenen Gerichten zu überraschen und setzt auf traditionelle Kochtechniken. Dafür verwendet er beste Zutaten, vorzugsweise von Produzenten aus der näheren Umgebung. „Wir bemühen uns, regional einzukaufen und naturnah zu kochen", berichtet er. Ein uriges Wirtshaus mit schönem Gastgarten, von dem garantiert niemand hungrig nach Hause geht.
Unser Tipp: Unbedingt nach den Empfehlungen von Wirt Zlatko Konec fragen! Sie werden begeistert sein. *aa*

4,0

Gasthof Sandwirt

Zlatko Konec
Hauptplatz 5
9063 Maria Saal
T +43 676 6630700
zlatko.konec@gmx.at
www.sandwirt.at

Öffnungszeiten:
10:00–22:00 Uhr
Ab 01.01.2022
Mo., Di. Ruhetag

Küche:
12:00–21:00 Uhr

2022 Zertifiziert

4,0

Gipfelhaus Magdalensberg

Familie Skorianz
Magdalensberg 16
9064 Magdalensberg
T +43 4224 2249
info@magdalensberg.com
www.hotel-magdalensberg.com

Öffnungszeiten:
Feb. Betriebsurlaub

Küche:
Sommer: 11:00–21:00 Uhr
Winter: 11:00–20:00 Uhr

2022 Zertifiziert

Falstaff	🍴	82 Pkt.

Über den Wolken

Wer die Sonne sucht, wird sie beim Gipfelhaus auf dem Magdalensberg finden. Längst ist es ein beliebtes Ausflugsziel für Nebelfluchten aus der Stadt. Aber nicht nur das. Familie Skorianz kocht und schenkt seit Generationen echt gut aus – mit vielen Produkten aus der eigenen Landwirtschaft. Jetzt ist ein modernes Wellnesshotel dazugekommen. Vieles hat sich verändert, aber die traditionelle Küche des Hauses nicht. Marlene Skorianz ist eine wahre Kräuterkennerin und holt das Beste aus Omas Gemüsegarten. Mostsuppe, Rindsgulasch, Ritschert oder vegane Pilztascherl – auf der Speisekarte stehen Kärntner Schmankerln, köstliche Mehlspeisen nach alten Rezepten und das hauseigene Quellwasser. *aa*

Schlemmen auf der Seeterrasse

Wird es die Innerei des Tages, eine gebratene Weidegans aus dem Lavanttal mit Bratapfel oder doch das Gurktaler Fischfilet? Beim Maltschacher Seewirt bleibt es spannend, bis der Teller auf den Tisch kommt. Denn Küchenchef Daniel kredenzt den Gästen ein Vier-Gänge-Überraschungsmenü mit lauter Kärntner Slow Food Genüssen. Die Wertschätzung für regionale Lebensmittel wird hier von Herzen gelebt. Wer sich nicht auf das kleine schmackhafte Abenteuer einlassen möchte, wählt die Klassiker – Tafelspitz oder Kärntner Nudelteller. Gekocht wird sowieso immer frisch, saisonal und regional. Dazu kommt noch die ruhige Lage im Grünen inklusive Blick auf den idyllischen See. *aa*

4,0

Maltschacher Seewirt

Familie Spieß
Maltschach 2
9560 Feldkirchen
T +43 4277 2637
office@seewirt-spiess.com
www.seewirt-spiess.com

Öffnungszeiten:
Mai bis Sept. 10:00–22:00 Uhr; Mi. Ruhetag Okt. bis April; Fr., Mo. 16:00 bis 21:00 Uhr; Sa. 10:00–21:00 Uhr; So. und Feiertags 10:00–18:00 Uhr

Küche:
Mai bis Sept. 11:30–20:00 Uhr Okt. bis April Fr., Mo. 16:00–20:00 Uhr Sa. 11:30–20:00 Uhr So. bis 17:00 Uhr

2022 Zertifiziert

4,0

Gasthaus Zum Simale

Kreuth 12
9556 Liebenfels
T +43 664 4301060
info@aufderwegscheide.at
www.aufderwegscheide.at

Öffnungszeiten:
Mi. bis So. ab 10:00 Uhr

Küche:
Mi. bis So. ab 11:00 Uhr

2022 Zertifiziert

Hausmannskost mit Pfiff

Auf der Wegscheide auf 1.134 Meter Seehöhe gibt es bereits seit 200 Jahren einen Gastronomiebetrieb. Es ist ein besonderes Ausflugsziel mit wilden Räubergeschichten und einem Naturparcours fürs Bogenschießen. Andrea Kogler kümmert sich liebevoll um den Erhalt des ursprünglichen Charakters und kocht mit Produkten aus der Region frisch auf dem alten Holzofen nach alten Rezepten ihrer Oma. Eine klassische Speisekarte gibt es nicht. Lieber erzählt die Wirtin persönlich, was sie gerade aus dem Garten geholt hat. Als leidenschaftliche Jägerin kennt sie die Zubereitungsgeheimnisse von faschierten Wildlaberln oder feinem Wildbraten. Aber auch Schlickkrapfen oder Hadntorte im Glas sind empfehlenswert.
aa

Heimelig rund um und auf dem Teller

Es ist die Liebe zum Detail, die das alte Forsthaus mit der verwachsenen Fassade so besonders macht. Das fängt draußen mit urigen Tischen und der Feuerschale an und gipfelt in der gemütlichen Stube mit Slow Food auf St. Veiter Keramik. Je nach Jahreszeit servieren Angelika und Hannes Magnet saisonale Köstlichkeiten wie zum Beispiel Variationen von Roten Rüben, Räucherkäse mit Rotkraut, Rehschulter mit Weinkraut und Polenta oder Quellwasserfischfilet mit Risotto. Es ist eine ehrliche Küche, geprägt von den regionalen Lebensmitteln und einer schmeckbaren Wertschätzung gegenüber ihren Produzenten. Für Romantiker und Genießer. *aa*

4,0

Wirtshaus „Kunsthandwerk"

Radelsdorf 1
9556 Liebenfels
T +43 4215 2894
a.magnet@utanet.at
www.wirtshaus-kunsthandwerk.at-

Öffnungszeiten:
Mi. bis Sa. 17:00–21:00 Uhr
Sonn- und Feiertags 12:00–15:00 Uhr
Nur auf Vorreservierung geöffnet!

Küche:
Di. bis Sa. 17:00–20:00 Uhr
So. 12:00–14:00 Uhr

2022 Zertifiziert

Gault&Millau	12,5 Pkt.
Falstaff	85 Pkt.

4,0

Wirtshaus Gelter

Familie Gelter
Goggerwenig 8
9300 St. Veit an der Glan
T +43 4212 36878
office@wirtshaus-gelter.at
www.wirtshaus-gelter.at

Öffnungszeiten:
Do. bis Mo. 11:00–24:00 Uhr

Küche:
11:00–20:00 Uhr

2022 Zertifiziert

Falstaff 83 Pkt.

Der Marktplatz heißt Mittelkärnten

Schon die Speisekarte im Kärntner Dialekt zeigt es vor: Hier wird kärntnerisch mit frischen Zutaten gekocht und in der Region eingekauft. Der „Marktplatz Mittelkärnten" ist die ideale Plattform dafür. Von Topfnreinkalan bis zu Plattlkrapfn ist alles ur-heimisch. Die legendäre Lumpn-Suppn kommt in Tschreapn (Schalen) daher und das Hausbrot für die Jause ist von der Bäurin Babsi. Das Kärntner Blondvieh aus der Region liefert neben den Edelteilen auch Bries und Wangerln – wie sich's gehört. Auch viele Weine sind aus Kärnten, Säfte und Schnäpse kauft der Wirt von Bauern aus der Region, den Kaffee in der Kaffeerösterei Taupe im nahen St. Veit und das Bier (der helle Motl und der dunkle Simale) wird eigenhändig von Vater und Sohn im Haus gebraut. Näher geht's nicht. *et*

Im kulinarischen Genussumfeld

Es ist wahrlich ein kleines Paradies, wenn man im Sommer im schattigen Garten des Traditionsgasthauses mit modernem Feeling eine Auszeit vom Alltag nimmt und sich den Kreationen der Küchenbrigade ohne Hektik widmet. Slow Food eben. Auf dem „Marktplatz Mittelkärnten" bewegt sich der Brunnwirt in einem kulinarischen Genussumfeld, das seinesgleichen sucht. Hier findet Ferdinand Kassl regionale Spezialitäten erster Güte. Vom Nuart-Schafskäse bis zum Landbrot und Bauernhofeis. Beim Fleisch verlässt er sich aufs Haus, die eigene Fleischhauerei liefert die besten Stücke, die Kassl perfekt zubereitet. Wer gerade auf der Durchreise ist oder ein paar unbeschwerte Tagen auf dem Land verbringen möchte, beim Kassl kann man auch übernachten und sich rund um die Uhr verwöhnen lassen. *et*

4,0

Brunnwirt Kassl

Ferdinand Kassl
Unterer Markt 2
9334 Guttaring
T +43 4262 8125
brunnwirtkassl@aon.at
www.kassl-brunnwirt.at

Öffnungszeiten:
Mi., Do. Ruhetag

Küche:
11:30–14:00 Uhr
und 18:00–21:00 Uhr

2022 Zertifiziert

Gault&Millau 11,5 Pkt.
Falstaff 85 Pkt.

„Apfelsaft gibt dir das Gefühl, das Richtige zu trinken … Most übrigens auch.“

Rosita Radl

Das Lavanttal ist das Obstparadies Kärntens. Most, Wein und Säfte werden hier mit Liebe und nach alter Tradition per Hand verarbeitet. Dabei werden die vollreifen, heimischen Äpfel besonders schonend gepresst und zu regionalen Spezialitäten verarbeitet.
www.lavanttaler-obst.at

In den Genussregionen zu Hause

Die Wirtsleute Martin und Waltraud Hudelist kennen die besten Adressen, wenn es um ausgezeichnete Produkte für ihre Küche geht. In den Genussregionen Jauntaler Hadn und Jauntaler Salami sind sie zu Hause. Goldforellen und Saiblinge fischt man von den heimischen Fischzüchtern Pontasch und Poganitsch. Sie finden Einzug in der schmackhaften Fischsuppe oder auf der Grafensteiner Fischplatte. Wenn Kärntner Jäger zur Herbstzeit feine Wildstücke anbieten, liefert die Küche rosa gebratene Hirschsteaks mit Nussschmarrn und das ganze Jahr zarte Maishendlbrust mit Kräuterrisotto und Kürbis. Zum guten Abschluss sollte man sich eine sündige Zotterlade, köstlichen, warmen Schokokuchen oder Maronenmousse mit Zwetschken-Espuma gönnen. *et*

4,0

Der Hambrusch

Familie Hudelist
Klopeiner Straße 1
9131 Grafenstein
T +43 4225 24500
genuss@derhambrusch.at
www.derhambrusch.at

Öffnungszeiten:
Mi. bis Sa. 10:00–22:00 Uhr
So., Feiertag 10:00–20:00 Uhr

Küche:
Mi. bis Sa. 11:30–21:00 Uhr
So. 11:30–19:00 Uhr

2022 Zertifiziert

Falstaff 83 Pkt.

4,0

Mochoritsch

Familie Jernej
Rückersdorf 5/Rikarja vas 5
9123 St. Primus/
Šentprimož
Griffenrast
An der Abfahrt der A2
9112 Griffen
Mochoritsch-Eck
9122 St.Kanzian am
Klopeiner See
T +43 4237 2212
T +43 4233 25353
griffen-rast@mochoritsch.at
www.mochoritsch.at

Öffnungszeiten:
Landgasthof: Mai bis Sep.
11:00–22:00 Uhr
GriffenRast: Ganzjährig
8:00–22:00 Uhr
Mochoritsch-Eck : Mai bis Sep.
11:00–23:00 Uhr

2022 Zertifiziert

Einfach gut Essen und Trinken
Zuerst kommt einmal Suppe für alle auf den Tisch – das lieben die Gäste beim Mochoritsch. Bei jedem Hauptgericht ist diese nämlich automatisch inkludiert, ebenso Salat und hausgemachte Mehlspeisen. Kein Wunder, dass immer viel los ist. Trotzdem ist es gemütlich, wofür auch das aufmerksame Team rund um die Geschwister Josef, Hannes und Anja sorgt. Drei Gastgeber aus Leidenschaft, die den Familienbetrieb mit Freude und Innovationsgeist führen. Am Herd stehen Köche aus Österreich und Istrien Seite an Seite und bereiten die typischen Speisen aus der Alpen-Adria-Küche zu. Ganz im Sinne von Slow Food setzt man auf ehrliche Lebensmittel aus der Region, großteils von zertifizierten Bio-Betrieben, Gemüse und Selchwaren werden selbst produziert. *ih*

Wirtshaus mit Seltenheitswert

Slow Food ist, wenn der Buchweizen (Hadn) für die Hadnnudeln, die Hadntorte oder den Hadnreis nur wenige Meter vor der Haustüre wächst und im Sommer mit seiner rosa Blüte zudem eine Augenweide auf den Feldern ist. Die Wirtsfamilie Rupitz ist Spezialistin in Sachen traditionelle Wirtshausküche. Das fängt bei den Duroc-Schweinen an, die auf dem Hof gezüchtet werden und einen wunderbaren Ofenschweinsbraten liefern und endet noch lange nicht bei selbst gemachten Säften, Marmeladen, eingelegten Pilzen, Würsten, Speck, Kraut und Rüben. Auch der eigene Gemüsegarten verheißt einen Frischekick auf dem Teller. Rindsuppe mit Leberknödeln oder Fritatten, Spargelcremesuppe oder die sämige Safran-Krensauce zum gekochten Rindfleisch sind unbedingt kostenswert. Ein Wirtshaus mit Seltenheitswert. *et*

4,0

Landgasthof Hafner vlg. Hadnwirt

Peter Rupitz
Oberdorf 14/
Gornja vas 14
9155 Neuhaus
T +43 4356 2044
hadnwirt@aon.at
www.hadnwirt.info

Öffnungszeiten:
Mai bis Oktober. Mi. bis So.
Nov. bis Apr.
Wochenendbetrieb!
Alle Feiertage geöffnet!

Küche:
11:00–14:00 und
17:00–20:30 Uhr
Nachmittags Nudelgerichte

2022 Zertifiziert

4,0

Gasthaus Poppmeier

Familie Poppmeier
Hauptstraße 4
9470 St. Paul im Lavanttal
T +43 4357 2087
richard@poppmeier.co.at
www.poppmeier.co.at

Öffnungszeiten:
Mi. bis Sa. 8:00–24:00 Uhr
So. 8:00–14:00 Uhr
Montag, Dienstag Ruhetag

Küche:
11:30–14:00 Uhr und
17:30–20:00 Uhr

2022 Zertifiziert

Slow Food als Herzensangelegenheit
Die sympathischen Wirtsleute Gisela und Richard Poppmeier können mit Stolz behaupten: „Wir sind noch ein g'standenes Gasthaus." Auf dem Stiftshügel mitten im Slow Food Village St. Paul gelegen, ist Slow Food eine Herzensangelegenheit. Die Lieferanten aus der Nähe schätzen die Poppmeiers seit Jahren und sind ihnen freundschaftlich verbunden. Sie würden Spargel und Artischocken nirgendwo als beim Kammerhofer beziehen, den Knoblauch nur bei Familie Holzer, Apfelwein und -saft ausschließlich bei den Mostbarkeiten und die Fische in der Naturfischzucht Marzi. Richard Poppmeier verwandelt die hochwertigen Produkte mit viel Sorgfalt zu Köstlichem: Lavanttaler Låxn gibts mit Artischockengemüse oder Spargel, Kürbis als Sorbet oder als feines Gemüse zu den Topfenreinkalan und vielseitig gefüllte Nudeln zu frischen Salaten. *et*

Kreativ bürgerliche Küche

Hochwertige Lebensmittel brauchen gar nicht viel Beiwerk, um ihren vollen Geschmack zu entfalten. Das zeigt Daniel Dirnberger vom Gasthaus Geiger. Sein Forellenfilet kommt ohne Schnickschnack daher. Nur Knoblauch, Kräuter und Petersilerdäpfel. Die Fische stammen wie viele andere Zutaten frisch aus dem Lavanttal und werden je nach Saison verarbeitet. „Qualität hat für uns oberste Priorität. Zudem sind wir stets bemüht, mit heimischen Produkten die Einzigartigkeit der Lavanttaler und Kärntner Küche widerzuspiegeln", sagt Dirnberger. Vom Leberknödel bis hin zur Sellerie-Apfelcreme-Suppe. Bereits in der fünften Generation verwöhnt er Gäste in den historischen Gemäuern mit Retro-Charme und moderner Küche. *aa*

4,0

Gasthof Geiger

Daniel Dirnberger
Hauptplatz 67
9462 Bad St. Leonhard
T +43 4350 2253
info@gasthof-geiger.at
www.gasthof-geiger.at

Öffnungszeiten:
Di. bis Do. und Sonn- und Feiertag 8:00–15:00 Uhr
Fr., Sa. 8:00–2:00 Uhr
Mo. Ruhetag

Küche:
11:30–14:00 Uhr und
18:00–21:00 Uhr

2022 Zertifiziert

Regionale Spitzenqualität

Slow Food ist ein Versprechen. Eines, das engagierte Landwirte, Lebensmittelproduzenten und Gastronomen geben. Das Gütesiegel AMA GENUSS REGION beweist das hohe Niveau, auf dem sie ihr Versprechen einhalten.

Unterstützt werden die Betriebe dabei durch das Qualitäts- und Herkunftssicherungssystem der AMA GENUSS REGION. Alle Partner lassen sich freiwillig kontrollieren. Das sorgt für Transparenz. Somit ist klar: Betriebe, die mit dem Gütesiegel AMA GENUSS REGION ausgezeichnet sind, stehen für beste regionale Qualität, eine hohe Verarbeitungsqualität, klimafreundliche, kurze Transportwege und die stets frische Zubereitung der Speisen.

Wo das Gütesiegel AMA GENUSS REGION drauf ist,
ist immer Spitzenqualität aus der Region drin.
www.genussregionen.at

Hotel Schloss Lerchenhof, Bauernladen Walter, Hotel Restaurant Soleo: © Netzwerk Kulinarik/Martina Siebenhandl

Mit Unterstützung von Bund, Ländern und Europäischer Union

Bundesministerium
Landwirtschaft, Regionen
und Tourismus

LE 14-20
Entwicklung für den Ländlichen Raum

Europäischer Landwirtschaftsfonds für die Entwicklung des ländlichen Raums: Hier investiert Europa in die ländlichen Gebiete.

3,5 Schnecken

Die Jury verleiht 3,5 Schnecken an Betriebe, die bewusst Kärntner Lebensmittel als Basis in ihrer Küche einsetzen und sich überwiegend für Regionalität aussprechen. Für Gäste ist das Bekenntnis zu den Produzenten gut sichtbar. Hier finden Sie viele typische Gerichte der Region – einfach gut, mit geprüfter Qualitäts- und Herkunftssicherung.

Moderne Slow Food Küche

Der Name wird dem Restaurant nicht ganz gerecht. Denn eigentlich dreht sich im modernen Gasthaus am historischen Markplatz in Obervellach alles um regionale Kochkunst und hochwertige Produkte aus der Region, verarbeitet auf verschiedenste Art und Weise. Die Liste der heimischen Lieferanten ist lang, genauso wie jene der hausgemachten Köstlichkeiten – vom selbst gebackenen Brot bis hin zu selbst gemachten Essigen und Säften. Immer eine gute Wahl sind die verschiedenen Wildgerichte, die bunt gemischten Nudeln, die Mölltaler Torte und natürlich der Grillteller mit Gustostücken vom Rind, Schwein und Huhn. Nachhaltigkeit, nachvollziehbare Herkunft und Erzeugung sind den Slow Food Wirten ein Anliegen.
aa

3,5

GRILLKunst Restaurant & Lounge

Maximilian Lesnik
Otto Glanzer
Hauptplatz 15
9821 Obervellach
T +43 664 8537878
office@grillkunst-restaurant.at
grillkunst.obervellach.net

Öffnungszeiten:
Mi. bis So. 12:00–22:00 Uhr
Mo., Di. Ruhetag

Küche:
Aktuelle Zeiten sind auf der Webseite ersichtlich

2022 Zertifiziert

Falstaff 82 Pkt.

3,5

Restaurant – Café & Konditorei HASSLER

Johann Hassler
Berg 131
9771 Berg im Drautal
T +43 4712 208
office@cafe-hassler.at
www.cafe-hassler.at

Öffnungszeiten:
Mo., Di., Fr., So.
9:00–23:00 Uhr
Mi. und Do. Ruhetag,
außer Sommer
16:00 bzw. 9:00 bis
23:00 Uhr

Küche:
11:30–13:30 und
17:30–20:30 Uhr

2022 Zertifiziert

Der Slow Food Treff im Drautal
Erdäpfel- und Fleischkrapfen mit Zwiebelbutter. Wild- und Rindfleischburger. Kärntner Saiblingsfilet mit frischem saisonalen Gemüse und Bio-Petersilienkartoffeln. Johann Hassler kennt den typischen Geschmack seiner Heimat und schätzt das Regionale. „Als Koch und Familie haben wir immer das Bestreben, es besser zu machen. Wir gehen mit unseren Lebensmitteln und Ressourcen sorgsam um, damit die nächsten Generationen ein lebenswertes Leben haben", ist Hassler überzeugt. Die Beziehung zu seinen Lieferanten sei besonders, weil er täglich sieht, mit welchem Engagement die Familien hinter ihren Produkten stehen. Tipp: Unbedingt auch die süßen Köstlichkeiten der Konditorei vor Ort probieren. *aa*

Leicht, g'sund und g'schmackig

Genuss kann ganz leicht sein. Selbst in Form von Schweinsbraten. Christine Schwarzenbacher hat ein Händchen dafür, der Hausmannskost eine gesunde und schmackhafte Note zu verleihen. Seit Jahrzehnten kocht sie für ihre Gäste leidenschaftlich gerne und legt Wert auf vital-regionale Produkte. Einen großen Teil der verarbeiteten Lebensmittel kauft sie im Radius von 66 Kilometern ein. „Mit Slow Food kann ich den bewussten Umgang mit heimischen Lebensmitteln weitertragen und die Arbeit der fleißigen Produzenten unterstützen", sagt die Köchin. Kräuter, Salat und Gemüse kommen frisch aus dem eigenen Garten. Das zarte Lammfleisch vom Hof ihres Vaters. Außerdem sind Gams und Låxn auf dem Menüplan zu finden. *aa*

3,5

Hotel Arlbergerhof Vital

Familie Schwarzenbacher
Gatschach 47
9762 Weissensee
T +43 4713 2280
info@arlbergerhof.at
www.arlbergerhof.at

Öffnungszeiten:
20.12.21 bis 28.02.2022
08.05.22 bis 23.10.2022
20.12.22 bis 31.12.2022

Küche:
Täglich 18:00–19:30 Uhr
gegen Voranmeldung

2022 Zertifiziert

3,5

Plattner's Einkehr

Familie Plattner
Nassfeld 99
9620 Hermagor
T +43 4285 8285
reception@plattner.at
www.plattner.at

Öffnungszeiten:
Sommer 30. Mai bis
2. Okt. 2022
Winter Anfang Dez.
bis Ostern

Küche:
Sommer 11:30–20:00 Uhr
Winter 11:00–17:00 Uhr
durchgehend warme Küche

2022 Zertifiziert

Meisterliche Frigga

Die Kost der Holzknechte war im Gailtal einst deftig und würzig. Aber schmecken tut sie heute auch noch Wanderern und Skifahrern, die auf dem Nassfeld zum Slow Food Workshop bei Familie Plattner einkehren. Im Eisenkessel über dem Feuer wird gezeigt, wie sich Käse, Speck, Polenta und Eier aus der Region zur traditionellen Kärntner Frigga verbinden. Regionales und saisonales Kochen gehört hier auf 1.600 Meter Seehöhe zum Alltag. Lebensmittel werden bei den Bauern aus dem Gailtal eingekauft, frische Kärntner Fische kommen täglich aus Sirnitz. Beliebte Speisen wie Alm-Toast und Alm-Burger werden aus heimischen Zutaten wie Natursauerteigbrot, Gailtaler Rindfleisch, Speck und Almkäse hergestellt. *aa*

Bewahrer der Gasthaus-Klassiker
Geröstete Leber vom Schwein mit Salzkartoffeln. Ein Zwiebelrostbraten vom Beiried. Nieren vom Kalb. Kärntner Käsnudel. Ein Leberstreichwurstbrot für den kleinen Hunger zwischendurch oder doch lieber ein Kaiserschmarrn mit Apfelmus? Bei Familie Roßmann im Strasswirt gibt es noch viele der richtig bodenständigen Wirtshausklassiker auf der Speisekarte. Alle Gerichten werden frisch von Chef Christof persönlich zubereitet. Dazu kauft er überwiegend heimische Produkte ein. Die Familie führt das Haus inzwischen in der dritten Generation. Tipp: Abends den lauschigen Gastgarten mit Blick auf die Karnischen Alpen genießen. *aa*

3,5

Hotel Gasthof Strasswirt

Familie Rossmann
Danz 4
9631 Jenig
T +43 4285 253
info@strasswirt.at
www.strasswirt.at

Öffnungszeiten:
9:00–23:00 Uhr
Montag Ruhetag

Küche:
Sommer: 17:30–20:30 Uhr
Winter: 17:30–20:00 Uhr

2022 Zertifiziert

3,5

Pirker's Natur- & Bio Familienhotel

Markus Pirker
Brandstatt 30
9854 Malta
T +43 4733 362
info@pirkers.bio
www.pirkers.bio

Öffnungszeiten:
1. Mai bis 31. Okt. und
25. Dez. bis 28. Februar

Küche:
12:00–20:00 Uhr

2022 Zertifiziert

Bioküche aus Überzeugung
Zwiebelrostbraten mit Bratkartoffeln. Geröstete Leber in Majoransoße mit Butterspätzle. Frische Regenbogenforelle „Müllerin Art" aus dem eigenen Fischteich mit Petersilienkartoffeln, zerlassener Butter und grünem Salat. Hausgemachter Apfel- oder Topfenstrudel mit Vanillesoße. Und das alles in Bio-Qualität. Salate, Kräuter und Gemüse kommen aus dem eigenen Garten. Familie Pirker setzt mit Überzeugung auf ehrliches, regionales Essen, welches auch den Kleinsten schmeckt. Achtsam wurde im Laufe der Jahre aus der einstigen Sennhütte ein modernes Bio-Hotel für aktive Familien, das in der vierten Generation geführt wird und hungrige Maltatal-Ausflügler willkommen heißt. *aa*

40 Kilometer in die Küche

Stylisches Stüberl oder doch uriger Kastaniengarten? Die Entscheidungen fallen im Restaurant Postskriptum nicht leicht. Und das setzt sich bei der Speisekarte fort. Fangfrischer Fisch aus dem Millstätter See, Almochsen-Ragout und hausgemachte Gnocchi klingen verlockend. Aber noch besser sind die kleinen Appetithäppchen in Tapas-Form. Damit kann gleich ganz viel auf einmal verkostet werden. Kärntner Fisch-Curry. Gratinierte Erdäpfel mit selbst gemachtem Speck. Kaspressknödel und Ofengemüse. Die Getränkeauswahl ist groß und das junge Konzept spricht an. Vor allem auch, weil die Hauptzutaten im Sinne der Regionalität zum großen Teil aus einem Umkreis von 40 Kilometern kommen. *aa*

3,5

Hotel zur Post mit Bar & Restaurant Postskriptum

Mag. Paul Kern e.U.
Hauptstraße 58
9873 Döbriach
T +43 4246 771 30
info@hotelzurpost.co.at
www.hotelzurpost.co.at

Öffnungszeiten:
Di. bis So. 8:00–23:00 Uhr

Küche:
Di. bis So. 14:00–20:00 Uhr

2022 Zertifiziert

3,5

Restaurant Loystubn Thermenwelt Hotel Pulverer

Siegrun und August Pulverer
Thermenstraße 4
9546 Bad Kleinkirchheim
T +43 4240 744
hotel@pulverer.at
www.pulverer.at/kulinarik-urlaub-kaernten

Öffnungszeiten:
Täglich 12:00–13:30 Uhr
und 18:00–21:00 Uhr
Dez. bis Ende März und
Juni bis Mitte November

2022 Zertifiziert

Falstaff 87 Pkt.

Passend zum Slow Food Village

Die Loystubn im Thermenhotel Pulverer passt wunderbar in das Slow Food Village Bad Kleinkirchheim. Abgesehen davon, dass die gemütlichen Gasträume stressmindernd wirken und man beim Essen in den Langsammodus fällt, kommt ein Großteil der kreativ verarbeiteten Lebensmittel von der eigenen Landwirtschaft, die Gustl Pulverer mit Hingabe betreibt. Die kapitalen Forellen und Saiblinge tummeln sich im eigenen Teich in Obertschern, das Damwild grast im Gehege auf dem Hochwalder und Gemüse und Kräuter gedeihen vor der Haustüre. Dementsprechend geschmacksexplosiv die Kohlrabischaumsuppe, wunderbar gelungen die Schlutzkrapfen mit köstlicher Walnussbutter und auf den Punkt gebraten die Lammrose. Die buttrigen Palatschinken werden je nach Wunsch gefüllt. Diesmal mit Schokolade und Apfelpüree. *et*

Erste Reihe fußfrei am See

Einfach nur wow! Das betrifft die Lage „erste Reihe fußfrei" neben der Schiffsanlegestelle am Wörthersee, die freundliche Bedienung und die feine Küche des jungen Teams ebenso. Im Herbst werden die Einheimischen mit Köstlichkeiten der Kärntner Bio-Gans verwöhnt. Neben der klassischen Gans wird ein „gans klanes Kostale" oder „gans knusprige" Gansl-kroketten auf Topinambur-Sauce serviert. Stets köstlich ist das echte Wiener vom Kalb, das Filetsteak oder der Fisch des Tages, der bei Angelglück aus dem Wörthersee gefischt wird. Auf den Gusto kommt man mit einem gebeizten Kärntner Saibling oder einem Carpaccio vom geflämmten Rehrücken aus heimischen Gefilden. Wie die Aussicht ist auch die weiß-rot gemusterte Chioggia-Rübe mit Ziegen-Frischkäse wunderschön anzusehen. *et*

3,5

See.gast.haus Krumpendorf

Jessica Hauser und
Markus Hammerschlag
Berthastraße 49
9201 Krumpendorf am Wörthersee
T +43 4229 3046
briefe@seegasthaus.com
www.seegasthaus.com

Öffnungszeiten:
Mi. bis So. ab 11:30 Uhr
Mo., Di. Ruhetag
Kann saisonal abweichen

Küche:
durchgehend
12:00–20:30 Uhr

2022 Zertifiziert

Falstaff 82 Pkt.

3,5

Der Sandwirth

Pernhartgasse 9
9020 Klagenfurt am Wörthersee
T +43 463 56209
hotel@sandwirth.at
www.sandwirth.at

Öffnungszeiten:
Mo. bis Sa. 7:00–23.00 Uhr
So. 7:00–14:00 Uhr
Feiertag 7:00–11:00 Uhr

Küche:
Mo. bis Sa. 11:00–15.00 Uhr und 18:30–21:00 Uhr
Änderungen vorbehalten

2022 Zertifiziert

Falstaff 81 Pkt.

Ein Original mit frischen Ideen
Brunchen mit Köstlichkeiten aus der Alpen-Adria-Region. Sacherwürstel vom Duroc-Weideschwein. Ein Pudding aus feinsten Haselnüssen. In Sachen Kulinarik gehört das Hotel Sandwirth zu Klagenfurts Traditionshäusern. Über Jahrhunderte hinweg wird in der Küche mit Liebe gekocht. So manches altes Rezept wurde sogar zum Kultgericht. Aber auch Neues findet Platz auf dem Teller. Fleisch, vegan, vegetarisch. Küchenchef Gregor Sajovic achtet auf Saisonalität sowie Regionalität. Herrlich schmecken die Gerichte vom Duroc-Weideschwein aus der eigenen Bio-Landwirtschaft im Lavanttal. Lunch, Brunch, Dinner am Abend, Kaffee und Kuchen oder Frühstück – egal, zu welcher Tageszeit, beim Sandwirth gibt es einfach immer gutes Essen. Darauf ist Verlass. *aa*

Essen mit Kultur

Essen ist ein Stück Kultur, ist die Wirtin Christa Taumberger überzeugt und nennt ihr Gasthaus im Glantal „EssKulturWirt“. Es gehört auch zur Kultur, dass das Haus mit einer beeindruckenden Blumenpracht zum guten Essen einlädt. Auf den Herbst kann man sich das ganze Jahr freuen, es ist die Zeit der heimischen Genüsse. Dann stehen Kürbiscremesuppe, Hirsch-Schmorbraten oder -ragout mit Serviettenknödeln auf der saisonalen Genusskarte. Die Lavanttaler Weidegans mit glasierten Maroni und Erdäpfelknödeln gesellt sich freundschaftlich dazu. Das ganze Jahr über verwöhnt die Zechnerin ihre Gäste mit Rindfleischspezialitäten, Backhenderln oder gefüllten Nudeln. Wer Gusto auf eine deftige Jause mit Bauernprodukten hat, ist den ganzen Tag willkommen. *et*

3,5

EssKulturWirt Die Zechnerin

Christa Taumberger
Miedling 3
9556 Liebenfels
T +43 4215 5116
taumberger@glantal.at
www.glantal.at

Öffnungszeiten:
Täglich 10:00–23:00 Uhr
Mo., Di. Ruhetag

Küche:
11:00–14:00 Uhr und
17:00–20:00 Uhr

2022 Zertifiziert

3,5

Hotel-Restaurant Prechtlhof

Leopold Kraßnitzer
Schobitzstraße 1
9330 Althofen
T +43 4262 2614
hotel@prechtlhof.com
www.hotelprechtlhof.com

Öffnungszeiten:
Mi. 16:00–23:00 Uhr
Do. bis Mo. 6:00–23:00 Uhr
Di. Ruhetag

Küche:
Mo., So. 11:30–14:00 und
17:30–21:00 Uhr
Mi. 17:30–21:00 Uhr

2022 Zertifiziert

Wildes Küchenglück

Wenn es ein Produkt gibt, bei dem Leopold Kraßnitzer so richtig ins Schwärmen gerät, dann ist das Wildfleisch – und das in allen Varianten von allen Tieren. Kein Wunder, ist er doch selbst passionierter Jäger und weiß um die Wertigkeit dieses fettarmen und geschmackvollen Fleisches genau Bescheid. Was Gäste am Prechtlhof noch schätzen, ist die Zubereitung von Speisen wie anno dazumal in Omas Küche. Schweinsbraten, Kärntner Nudel und Ritschert werden aus rein regionalen Zutaten aus der Umgebung, teilweise noch auf dem Holzherd, gekocht. Saisonal ist auf der Speisekarte alles zu haben, was gerade auf dem Feld und im Garten wächst.

Tipp: Romantiker übernachten im Baumhaus, direkt in der Krone der 300 Jahre alten Linde. *gk*

Refugium für alle Sinne

Es ist wahrlich ein Refugium für alle Sinne. Wein vom eigenen Weingut, Küche mit regionalen Produkten und Kultur (Ausstellungen und Veranstaltungen) im alten Gemäuer der restaurierten Ruine bilden eine perfekte Symbiose. Mitten in den Weingärten von Taggenbrunn tafelt man mit Blick auf die liebliche Umgebung und genießt das Flair eines gepflegten Weingutes. Dass auch die Speisen vom Wein inspiriert sind, versteht sich. Er findet sich in der cremigen Taggenbrunner Weißweinsuppe, begleitet den Kärntner Låxn aus dem Slow Food Village Sirnitz/Albeck und der prickelnde Jacques Paagnier adelt das Himbeersorbet. Dem Wild, erlegt im eigenen Revier, kommt besondere Bedeutung zu. Vor allem das raffiniert gewürzte Wildragout heimst allseits großes Lob ein. *et*

3,5

Hotel Weingut Taggenbrunn

Familie Alfred & Andrea Riedl
Taggenbrunn 9
9300 St. Veit an der Glan
T +43 4212 30200
info@taggenbrunn.at
www.taggenbrunn.at

Öffnungszeiten:
Mi., Do. 14:30–22:00 Uhr
Fr., Sa. 11:30–22:00 Uhr
So., Feiertag
11:30–21:00 Uhr

Küche:
Mi., Do. 14:30–21:00 Uhr
Fr., Sa. 11:30–21:00 Uhr
So., Feiertag
11:30–20:00 Uhr

2022 Zertifiziert

Falstaff 81 Pkt.

3,5

Hirter Braukeller

John Cuznar,
Cornelia Feuerstein
Hirt 1
9322 Micheldorf
T +43 4268 2050 503
hirterbraukeller@hirterbier.at
www.hirterbraukeller.at

Öffnungszeiten:
Mo. bis Do. 10:00–22:00 Uhr
Fr. bis Sa. 10:00–23:00 Uhr

Küche:
Warme Küche
11:00–21:00 Uhr

2022 Zertifiziert

Bier dominiert auch in der Küche

Dass man in der ältesten Privatbrauerei Kärntens einer jahrhundertealten Bier-tradition folgt, versteht sich – dass das Bier auch in der Küche eine große Rolle spielt, ebenso. Bierbrot und Biersenf sind die logischen Begleiter zur Jause, Bieressig würzt die knackigen Salate. Zu den Klassikern gehören das Pilsrahmbeuschl, das Hirter Braukeller-Gulasch oder das Metnitztaler Hirschragout von der Hirter Alm. Und weil eine regionale Brauerei auch der Region verpflichtet ist, werden die Lebensmittel regional eingekauft: Die Fische von Markus Payr aus der Sirnitz, das Wild von heimischen Jägern. Auch Süßes kommt nicht ohne Bierbegleitung aus. So sollte man sich das Hirter Malzparfait oder die Hirter Malztorte auf der Zunge zergehen lassen. Auch beim frisch gezapften Bier dominiert Gemächlichkeit. Die Brauerei führt das Slow-Brewing-Gütesiegel. *et*

Das Restaurant am See

Nicht weit von den blassrosa Seerosen im Klopeiner See lockt das Restaurant Seerose im Winter wie im Sommer mit leichten, kreativen Köstlichkeiten. Der Platz an der Sonne mit Blick auf den See ist unbezahlbar. Nicht nur Badegäste freuen sich über einen leichten Snack, Fischspezialitäten, Eis und Mehlspeisen, auf dem Logenplatz werden auch Gourmets zufriedengestellt. Das Küchenteam nimmt Anleihen an mediterranen Aromen, die man an einem lauen Sommerabend am See besonders schätzt. Bio-Lachsforellen aus den Fischgewässern der Umgebung, ein gut gegrilltes Steak oder ein Salatteller machen auch in der Sommerhitze Freude. Nicht weniger gemütlich ist es im Winter, wenn draußen Schnee liegt und Nebel über den See zieht. Dann genießt man ein warmes Süppchen, Wiener Schnitzel oder ein feines Kürbiskern-Parfait. *et*

3,5

Restaurant Seerose

Horst Jernej
Ostuferstraße 22
9122 St. Kanzian
am Klopeiner See
T +43 4239 3311257
office@seerose-klopeinersee.at
www.seerose-klopeinersee.at

Öffnungszeiten:
Mai bis Sept. täglich geöffnet
Okt. bis April:
Di. und Mi. Ruhetag

Küche:
11:30–21:00 Uhr

2022 Zertifiziert

Falstaff 83 Pkt.

3,5

Gasthaus – Gostišče – Trattoria Ogris

Johann Ogris
Ludmannsdorf/Bilčovs 13
9072 Ludmannsdorf/Bilčovs
T +43 4228 2249
office@gasthaus-ogris.at
www.gasthaus-ogris.at

Öffnungszeiten:
Sept. bis Juni Do. bis So.
Mo., Di., Mi. Ruhetag,
ausgenommen feiertags
Juni bis Aug. Di. bis So.
Mo. Ruhetag
ausgenommen feiertags

Küche:
Ganztägig warme Küche

2022 Zertifiziert

Falstaff 81 Pkt.

Rosentaler Köstlichkeiten

Fischnudel nach Opas Art mit Grammerln. Zarter Tafelspitz mit Kräutererdäpfel. Gefüllter Kalbshals und slowenische Pljeskavica. Im Rosental vermischen sich die Kulturen des Alpen-Adria-Raums und bei Familie Ogris gibt es seit jeher das Beste aus allen Küchen. Im Familienbetrieb wird Alpen-Adria mit Herz gelebt und bewusst mit heimischen Zutaten gekocht. „Wir setzen auf kurze Transportwege, sehr hohe Qualität und pflegen direkten Kontakt zu den Produzenten“, sagt Johann Ogris. Das ganze Jahr über treffen sich die Einheimischen im Wirtshaus. Jeden Monat finden sich andere saisonale Schmankerln auf der Karte. Immer köstlich sind die hausgemachten Torten.

Unser Tipp: Hier gibt es noch die Rosentaler Kirchtagsuppe, die an Festtagen serviert wird. *aa*

Mit der Liebe zum Regionalen

Unter dem mächtigen Gewölbe des Alten Brauhauses in Völkermarkt speist es sich besonders vornehm, die feine regionale Küche mit Produkten aus der Region erfüllt Slow Food mit genussvollem Leben. Zur Trüffelzeit raspelt der Wirt Georg Riepl die eigens aus Buzet (Istrien) geholten Trüffel auf Steinpilznudeln von der Nudelwerkstatt oder auf eine einfache Eierspeise. Das Kindheitserinnerungsmenü besteht zum Beispiel aus einer Schlickkrapferlsuppe, Backhendl vom Bio-Hof Moritsch und einer zarten Marmeladepalatschinke. Riepls Lieblingslieferanten sind die Fischzucht Marzi, Josef Puck mit seinen Bio-Weidegänsen oder der Schafskäse-Kaiser Nuart – alle im Umkreis von 30 Kilometern. Zu seinen umfangreichen Abendmenüs, die Riepl zelebriert, schenkt er besonders gerne Kärntner Weine aus verschiedenen Weingütern aus. *et*

3,5

Altes Brauhaus

Georg Riepl
Bürgerlustgasse 2
9100 Völkermarkt
T +43 664 2428395
altesbrauhaus.
voelkermarkt@gmx.at
www.altes-brauhaus-vk.at

Öffnungszeiten:
Mi., Do., Fr., Sa.
11:00–21:00 Uhr
So. 11:00–15:00 Uhr

2022 Zertifiziert

3,5

Gasthof-Pension Zoller

Edeltraud Stückler
Forst 57
9412 St. Margarethen
im Lavanttal
T +43 4352 61357
zoller@aon.at
www.zoller-urlaube.at

Öffnungszeiten:
1. Mai bis 30. Sept.
ab 8:00 Uhr
Mi. Ruhetag
1. Okt. bis 30. April
ab 8:00 Uhr
Di., Mi. Ruhetag

Küche:
An geöffneten Tagen
von 11:30–20:00 Uhr

2022 Zertifiziert

Best of Saualpe
Wasser aus der eigenen Quelle. Wild aus der eigenen Jagd. Gemüse, Kräuter und Salat aus Omas Garten. Familie Stückler vom Gasthof Zoller legt großen Wert auf Produkte aus eigenem Anbau, eigener Landwirtschaft und eigener Herstellung. Das hat Tradition. Bereits seit über 100 Jahren bewirtschaftet die Familie Hof und Gaststätte mitten im Wandergebiet Saualpe auf 920 Meter Seehöhe. Serviert wird Hausmannskost wie zum Beispiel Ragout vom jungen Saualmhirsch mit saisonalen Spezialitäten wie Spargel oder Kürbis. Tipp: Auch die Topfen-Joghurtschnitte der Gastgeberin probieren!
Von der Panoramaterrasse gibt es einen tollen Ausblick und Kinder freuen sich über die Tiere auf dem angrenzenden Bauernhof. *aa*

Essen mit Lavanttaler Panorama

Typisch österreichisch, traditionell kärntnerisch. So wird im Friesacher Hof auf 921 Meter Seehöhe mit herrlichem Ausblick ins Lavanttal gekocht. Bekannt ist das Restaurant für seine Grill- und Wildspezialitäten, aber auch für die Kärntner Kasnudel aus heimischen Zutaten. „Wir leben die Prinzipien der Slow Food Philosophie, kreieren in liebevoller Handarbeit Gerichte aus regionalen und saisonalen Zutaten und freuen uns, wenn wir damit unsere Gäste verwöhnen und begeistern können", sagen Michael und Aline Friesacher. Die hausgemachten Mehlspeisen wie Kletzennudeln, Apfelstrudel und Hadntorte kommen immer gut an, genauso wie Apfelmost, Apfelsaft und Wein aus der Region. *aa*

3,5

Hotel-Restaurant ***Friesacherhof

Michael Adolf Friesacher
Prebl 61
9461 Prebl
T +43 4353 351
info@hotel-friesacherhof.at
www.hotel-friesacherhof.at

Öffnungszeiten:
Aktuelle Öffnungszeiten auf unserer Webseite

Küche:
Aktuelle Küchenöffnungszeiten auf unserer Webseite

2022 Zertifiziert

3,5

Brauhaus Breznik Hotel-Wirtshaus-Privatbrauerei

Familie Breznik
10.-Oktober-Platz 9
9150 Bleiburg/Pliberk
T +43 4235 2026
brauhaus@breznik.at
www.brauhaus.breznik.at

Öffnungszeiten:
Täglich geöffnet
16:30–24:00 Uhr
Sonntags geschlossen

Küche:
Bis 22:00 Uhr

2022 Zertifiziert

Falstaff 81 Pkt.

Privatbrauerei im Gasthaus
Bleiburg verweist mit dem Sorgendorfer Bier auf eine lange Brautradition, die Ende der Achtzigerjahre jäh zu Ende gegangen ist. Das Brauhaus Breznik hat die Tradition wieder aufleben lassen und braut seit 15 Jahren das weithin geschätzte und oftmals ausgezeichnete Hausbier. „Diese Bierqualität ist mit Münchner Braukunst vergleichbar“, lobt Bierpast Conrad Seidl. Wo man Bier trinkt, das lass dich ruhig nieder, denn da wird ordentlich und mit regionalen Zutaten gekocht. Beim Breznik sind es der großzügig garnierte Brauhausteller, das Essigfleisch, die verschiedenen hausgemachten Burger mit Fleisch von heimischen Rindern, gefüllte Nudeln nach Jahreszeit, knusprig gebratene Ripperln oder Fische von Pospisil aus dem Lippitzbachgraben. Als kongeniale Begleiter zum Bier erweisen sich auch die reich belegten Brote, Leberkäse oder würzige Cevapcici. *et*

© Arnold Poeschl

Genuss aus KÄRNTEN
Genussland Kärnten

Dort, wo Kärnten besser is(s)t.

Beim Genussland Kärnten hat man sich gemeinsam mit über 500 Bauern, Manufakturen, Wirten, Handelspartnern und Schulen ehrlichen, geprüften und regionalen Lebensmitteln verschrieben. Seit über zehn Jahren fungiert die Marke als verlässlicher kulinarischer Wegweiser für in Kärnten gewachsene und veredelte Produkte. Strenge und genaue Herkunfts- und Qualitätskontrollen garantieren im Genussland Kärnten, dass alle Partner höchste Anforderungen erfüllen, um Ihnen nur allerfeinsten Genuss zu servieren. Denn Genuss – so weiß man beim Genussland Kärnten – ist keine Frage der Größe oder des Angebots, sondern einzig und allein eine Frage der Hingabe und Leidenschaft.

Erfahren Sie mehr unter
www.genusslandkaernten.at

3,0 Schnecken

Die Jury verleiht 3 Schnecken an Betriebe, die frisch und saisonal kochen – von bodenständiger Landhausküche bis hin zu hausgemachten Köstlichkeiten und feinen Spezialitäten. Die Gastgeber bekennen sich zur Philosophie der Kärntner Slow Food Küche und entwickeln ihr Angebot mit Fokus auf Regionalität und Saisonalität konsequent weiter. Natürlich mit geprüfter Qualitäts- und Herkunftssicherung.

© GRÖ/Werner Krug

Gutbürgerliche Küche mit ein bissl Pep!

Das „GenussRestaurant Staner" ist ein Geheimtipp für Innereien-Liebhaber: Kalbsnieren, Kronfleisch, Hirnpofesen und Kalbries kommen in der urigen Gaststube oder dem romantischen Gastgarten auf den Tisch. Beuschel mit ein bissl Pep wird mit Verjus abgeschmeckt. „Das gibt es immer!" Manchmal auch von Gans oder Lamm, je nachdem was die Bauern im Angebot haben. „Wir kochen nur mit regionalen oder österreichischen Produkten", meint Walter Buschta. Welchen er manchmal einen „ausländischen" Touch verleiht, wie beim „Hamburger Panfisch", bei dem sich der heimische Waller (Wels) unter dem Backteig versteckt. Kärntner Nudeln und gutbürgerliche Küche wie Schnitzel oder geröstete Knödel munden ebenfalls. *wd*

3,0

GenussRestaurant Staner im Landhaus Gritschacher

Walter Buschta
Sankt Peter in Holz 7
9811 Lendorf
T +43 4762 2124
T +43 664 75016292
genussrestaurantstaner@gmail.com
www.landhaus-gritschacher.com/genussrestaurant-staner

Öffnungszeiten:
Tischreservierung erforderlich!

Küche:
Ab 17:00 Uhr

2022 Zertifiziert

3,0

Wappenstüberl – Familienhotel Post

Familie Sichrowsky
Mirnockstraße 38
9872 Millstatt am See
T +43 4766 2108
info@familienhotelpost.com
www.familienhotelpost.com

Öffnungszeiten:
9. April bis 7. November,
26. Dez. bis 15. März 2023

Küche:
12:00–13:45 Uhr und
18:00–20:00 Uhr

2022 Zertifiziert

Alte k.u.k. Hoffischer-Tradition

Frisch, frischer, fangfrisch. Das hat bei Familie Sichrowsky am Millstätter See lange Tradition. Bereits vor Generationen hat die Familie das Fischrecht von Kaiserin Maria Theresia erhalten und serviert seitdem ihren Gästen „wilden" Fisch aus dem See. Längst sind die Reinanken zum Markenzeichen der Küche geworden und werden vom Küchenchef immer wieder neu mit regionalen Lebensmitteln kombiniert. Mal klassisch als Ganzes gebraten, ein anderes Mal modern im Tapas-Style. Besser kann der Wildfang nicht auf den Teller kommen. Praktisch: Zum Restaurant gehört auch ein Hotel, schließlich bietet der Millstätter See viele kulinarische Gründe, um etwas länger zu bleiben. *aa*

Feines für Feinschmecker

Heimisches Reh mit Wildpreiselbeeren. Fasan mit Mangalitza-Speck. Gebratener Rehrücken mit Steinpilzen. Das À-la-carte-Restaurant „1884" in der historischen See-Villa direkt am Ufer des Millstätter Sees ist bekannt für seine Wildgerichte aus der Eigenjagd. Und diese sind das ganze Jahr über auf der Speisekarte zu finden, immer saisonal zubereitet mit Kräutern aus dem eigenen Garten und regionalen Produkten von den umliegenden Bauern. Alternativ zum Wild gibt es fangfrischen Fisch und selbst gemachte Kasnudeln. Der Weinkeller des Hauses ist gut bestückt und rundet die Gerichte mit erlesenen Tropfen ab. Bei schönem Wetter muss man unbedingt draußen auf der Seeterrasse Platz nehmen und den Blick aufs Wasser genießen. *aa*

Falstaff 87 Pkt.

3,0

Restaurant „1884" Schlosshotel ****See-Villa

Familie Graf Tacoli
Seestraße 68
9872 Millstatt am Millstätter See
T +43 4766 2102
restaurant@see-villa.at
www.see-villa.at

Öffnungszeiten:
Ganzjährig geöffnet – genaue Öffnungszeiten laut Webseite

Küche:
HS: Mo. bis So. 12:00–13:30 und 18:00–21:30 Uhr
NS: Mi. bis Fr. 18:00–21:00 Uhr
Sa. und So. 12:00–13:30 und 18:00–21:00 Uhr

2022 Zertifiziert

3,0

Gasthof zum Fisch-Sigi

Siegfried Gruber
Winkl 64/Nockalmstraße
9565 Reichenau
T +43 664 3965548
T +43 4275 23138
info@natursaibling.at
info@gasthof-zum-fisch-sigi.at
www.natursaibling.at
www.gasthof-zum-fisch-sigi.at

Öffnungszeiten:
Mai bis Okt. 10:00–17:00 Uhr
Mittwoch bis Sonntag

Küche:
Mi. bis So. 11:00–17:00 Uhr

2022 Zertifiziert

Vom Teich auf den Teller
Sommersalat mit Räucherfiletstreifen. Saiblingssuppe. Gebratene Filets auf Mandelbutter. Und das sind nur ein paar der unzähligen Gerichte, die beim Fisch-Sigi aus Saibling zubereitet werden. Im Mittelpunkt steht dabei immer der Saibling, aber eben immer anders und ganz frisch aus einem der 13 Teiche. „Unser Saibling wird vom Ei bis auf den Teller in eigener Produktion hergestellt und vermarktet. Einen besseren ökologischen Fußabdruck gibt es nicht. Der Fisch verlässt erst das Gelände, wenn ihn der Kunde gegessen oder im Hofladen gekauft hat", sagt Siegfried Gruber, der mit der Fischzucht sein Hobby zum Beruf machte. Das strömende kalte Gebirgswasser und die lange Aufzucht sorgen für hohe Qualität der Fische. *aa*

Almwirtshaus direkt an der Piste

In Sachen Freundlichkeit und Schnelligkeit kann das Team rund um Gerfried Steiner auf ganzer Linie punkten – und das schätzen sowohl Skifahrer als auch Wanderer. Als neuer Pächter des modernen Almwirtshauses mit großer, sonniger Terrasse möchte Steiner Regionalität und Qualität vorantreiben. Auf der Speisekarte finden sich typische Kärntner Schmankerln wie Ritschert mit Kalbfleisch, aber auch Exotisches wie Wildschweingulasch. Die Gulaschsuppe ist hausgemacht, genauso wie Topfen- und Apfelstrudel oder die gebackenen Apfelradeln. Abends passt zum Gourmetmenü ein edler Tropfen aus dem Weinkeller mit seinem großen Sortiment an österreichischen Weinen. *aa*

3,0

Restaurant Ainkehr Katschberg

Gerfried Steiner
Katschberghöhe 40
9863 Rennweg am Katschberg
T +43 664 5200430
almwirtshaus@ainkehr-katschberg.at
www.ainkehr-katschberg.at

Öffnungszeiten:
Winter: täglich
10:00–23:00 Uhr
Sommer: Juni bis Sept.
11:30–21:30 Uhr

Küche:
Winter: 11:30–16:00 und 18:00–21:00 Uhr
Sommer: 11:30–20:30 Uhr

2022 Zertifiziert

3,0

Kulturwirt zum Mohren

Irene Lutz
Bleiberger Straße 34
9530 Bad Bleiberg
T +43 664 5112578
info@zum-mohren.at
www.zum-mohren.at

Öffnungszeiten:
Mo., Di. Ruhetag
Mi. bis So. von
11:00–21:00 Uhr
Wir bitten um Reservierung!

Küche:
Die Wirtin kocht immer!
12:00–21:00 Uhr

2022 Zertifiziert

Wirtshaus mit Tradition

Im Kulturwirt zum Mohren bei Irene Lutz genießt man liebevoll zubereitete, regionale Speisen im traditionell geprägten Ambiente. Hier tafelt man in einer mit Zirbenholz getäfelten Stube, wo das Sonnenlicht durch bunte Buzzenscheiben blinzelt. Die Zutaten zum würzigen Ritschert, zum knusprigen Schweinsbratl mit Weinkraut oder zum rahmigen Schwammerlgulasch stammen aus der Region und kommen im Pfandl auf den Tisch. Der Hadnreis für die Hadnlaibchen reist aus dem Jauntal an und der Kärntner Låxn aus Feld am See. Die Saure Suppe mit Reindling wird, so wie die Polentarahmsuppe, im Rexglas serviert. Im Sommer schätzt man die frische Luft auf der lauschigen Terrasse. *et*

Zeit für Steak
Ein gutes Essen braucht Zeit – beim Wachsen, Zubereiten und Verspeisen. Auch das gehört für Küchenchef Ludwig Graber zur gelebten Nachhaltigkeit, der das gemütliche Wirtshaus in der sechsten Generation führt. „Wir verarbeiten mikro-regionale Lebensmittel und produzieren über 90 Prozent unserer Gerichte selbst. Was wir nicht selbst herstellen, machen unsere Produzenten aus der unmittelbaren Umgebung", sagt der Wirt. Bekannt ist er für die große Auswahl an Steaks in allerlei Varianten. Galloway- und Angus-Rind sind auf der Karte genauso zu finden wie Grillgemüse von Toms Gemüse aus Finkenstein St. Stefan, Trüffel vom Edi Wallisch oder Schnecken vom Wörthersee. *aa*

3,0

Kirchenwirt

Dkfm. Ludwig Graber
Kirchenplatz 2
9584 Finkenstein
am Faaker See
T +43 664 99801911
kaernten@aon.at
www.kirchenwirt.in

Öffnungszeiten:
Mo., Di., Fr. ab 16:00 Uhr
Sa., So. ab 11:00 Uhr

Küche:
Bis 21:00 Uhr

2022 Zertifiziert

Falstaff 81 Pkt.

3,0

Wrannissimo Restaurant

Familie Wrann
Europaplatz 4–6
9220 Velden am Wörthersee
T +43 4274 214 160
restaurant@wrannissimo.at
www.wrannissimo.at

Öffnungszeiten:
Winter täglich
12:00–21:00 Uhr
Di. Ruhetag
Sommer täglich
12:00–22:00 Uhr

2022 Zertifiziert

Feine Alpen-Adria-Adresse
Wrannissimo ist die Steigerungsstufe von Wrann, einer alteingesessenen Veldener Familie, die seit Urzeiten das Hotel Post mitten in Velden ganzjährig betreibt. Das Restaurant hat einen beachtlichen Wandel mitgemacht, vom Gasthaus zur stylischen Location, ohne das Gutbürgerliche, Regionale zu vernachlässigen. So unterscheidet man originalgetreu zwischen original Wiener Schnitzel vom Kalbsrücken und Schnitzel Wiener Art vom Schwein – mit Fleisch aus Kärnten, versteht sich. Im köstlichen Reigen dürfen die Fische aus Kärntner Züchtung, veganes Kichererbsencurry oder Kartoffelbisquitroulade nicht fehlen. Die Kärntner Oma steuerte das Rezept für den feinen Apfelstrudel bei und die italienische die Anleitung für die Mascarpone-Creme. Eine gelungene Alpen-Adria-Adresse mitten im Zentrum von Velden. *et*

Slow Food & Cuisino

Der langjährige Küchenchef Marcel Vanic und sein Team gehen bei den heimischen Zutaten keine Kompromisse ein. Slow Food & Cuisino ist eine Haltung, die nachhaltige Landwirtschaft und Geschmacksvielfalt mit Patenschaften unterstützt. Das lässt sich auf der Speisekarte nachvollziehen. Der Caesar Salad besteht aus Speck Crunch, Bauernbrotchips und Bergkäseflocken, die Bouillabaisse köchelt in Kärntner Quellwasser und die geschmorten Milchferkelbackerln werden von Polenta aus weißem Gailtaler Landmais begleitet. Zwischen glasierter Honigente und Steakspezialitäten finden sich auch einfach raffinierte Erdäpfelnudeln auf Rahmsauerkraut und Winterportulak. Die flaumige Roulettekugel Beef Tea erinnert daran, dass man nach dem feinen Mahl auch sein Glück im Casino versuchen könnte. *et*

3,0

„Die Yacht" Casino Restaurant Velden

Cuisino Ges.m.b.H
Am Corso 17
9220 Velden am Wörthersee
T +43 664 2064515
velden.gastronomie@casinos.at
www.velden.casinos.at

Öffnungszeiten:
Täglich ab 18:00 Uhr

Küche:
Täglich ab 18:00 Uhr

2022 Zertifiziert

Gault&Millau	3/4	15 Pkt.
Falstaff	2/4	85 Pkt.

3,0

Werzer's Badehaus Restaurant

Werzerpromenade 8
9210 Pörtschach
am Wörthersee
T +43 4272 2231 138
badehaus@werzers.at
www.badehaus.werzers.at

Öffnungszeiten:
Winter: 01.11.2021 bis 01.05.2022
Sommer: 02.05. bis 31.10.2022
Schließzeiten: 20.12. bis 25.12.2021; 03.01. bis 02.03.2022

Küche:
Winter: Mi., Do., So. 12:00–18:00 Uhr; Fr., Sa. 12:00–21:00 Uhr; Mo., Di. Ruhetag
Sommer: tägl. von 12:00–21:00 Uhr

Einzigartiges Ambiente

Wer die Wörthersee Architektur in seiner Bestform genussvoll erleben möchte, kehrt ins Werzer's Badehaus ein. 1895 direkt am Wasser gebaut ist es modern renoviert ein echtes Schmuckstück. Auf der Seeterrasse plätschern die Wellen unter den Füßen, während der Blick auf den türkisfarbenen See fällt. Neben saisonalen Schmankerln wie Wild oder Gansl gehören Dreierlei Kärntner Nudeln oder der Kärntner Låxn zu den Klassikern auf der Speisekarte. Die Natur auf dem Teller ist das Credo des Küchenteams. Es will Gästen die kulinarische Produktvielfalt Kärntens vermitteln und zeigt, wie vielfältig auch die Zubereitung der heimischen Produkte sein kann. *aa*

2022 Zertifiziert

Solide Landküche

Die Frittatensuppe wird im Emaille-Topf serviert, das Schweinsschnitzel und die Beiriedschnitte ganz traditionell. Es gibt heimischen Fisch und auch die Kasnudeln als Klassiker der Kärntner Küche fehlen nicht. Im Dienstl Gut wird noch gut bürgerlich aufgekocht. Im Winter gibt es auch Fondue. Zum Kennenlernen bietet sich sonntags der Brunch mit abwechselnden saisonalen Schmankerln an. Tipp: Bei schönem Wetter unbedingt draußen essen und die Terrasse mit parkähnlichem Garten sowie Blick auf Burg Hochosterwitz genießen. Außenanlagen und Stüberl sind liebevoll gepflegt. Das Wasser kommt aus einer eigenen Quelle. *aa*

3,0

Dienstl Gut

Reitsportzentrum Dienstl Gut
Hotel- und Veranstaltungs-GmbH
Wiendorf 1
9314 Launsdorf
T +43 4213 2140
office@dienstlgut.com
www.dienstlgut.com

Öffnungszeiten:
lt. Homepage

Küche:
lt. Homepage

2022 Zertifiziert

3,0

Familienhof Sereinig

Alexandra und Rudi Sereinig
Bodental 40/Poden 40
9163 Bodental/Poden
T +43 4227 6300
office@familienhof.at
www.familienhof.at

Öffnungszeiten:
April und November geschlossen

Küche:
durchgehend warme Küche

2022 Zertifiziert

Das köstliche Schaf mit der Brille

Der gemütliche Gasthof inmitten der Karawanken im Bodental ist der Hotspot für Brillenschaf-Spezialitäten. Familie Sereinig hat die fast ausgestorbene Schafrasse wieder heimisch gemacht. Mehr als hundert Mutterschafe und Lämmer tummeln sich auf dem Hof. Da ist es nur logisch, dass in der Küche Wunderbares vom Brillenschaf hervorgezaubert wird. „Lamm ist unsere Spezialität, vor allem im Sommer", betont Alexandra. Dazu gehören Lammgulasch mit Butterspätzle, kräftige Lammsuppen, sogar ein Wiener Schnitzerl vom Lamm und vieles mehr. Im Winter herrscht vor dem Haus Skibetrieb für Familien und Kinder, da passt sich auch die Küche den Wünschen der Gäste an. „Wir machen von den Kärntner Nudeln bis zu den Spätzle alles selbst, da geht nichts drüber", macht Alexandra Appetit auf die Kärntner Schmankerln. *et*

Almhütten und Buschenschenken

Wandern. Radfahren. Skifahren. Zu einem Ausflug in die Natur gehört die genussvolle Einkehr in eine Almhütte oder Buschenschenke. Hier wird fast ausschließlich selbstgemachtes kredenzt – von klassischer Hausmannskost über die würzige Jause mit Speck, Käse und Brot bis hin zum Krügerl Most oder feinem Glaserl Wein. Auf der Sonnenseite des Lebens mit herrlichen Ausblicken.

5,0

Huaba Hittn

Familie Pilgram
Sauerwald 47
9543 Arriach-Gerlitzen
T +43 664 4405853
huabahittn@gmail.com

Öffnungszeiten:
Während der Wintersaison
9:30–17:00 Uhr

2022 Zertifiziert

Vorbildlicher Einkehrschwung

Knuspriger Schweinsbraten, flaumige Germknödel oder Schlachtplatte. Hier auf der Gerlitzen ist einfach alles authentisch und echt: angefangen von den Lebensmitteln vom eigenen Hof über die sorgsame Handarbeit in der Küche bis hin zur verantwortungsvollen Einstellung. Die Pilgrams beweisen, dass Slow Food sogar in einer gut besuchten Skihütte möglich ist. Ihre Begeisterung für den nachhaltigen und nachvollziehbaren Weg steckt andere an – und reißt Gäste mit. Das ganze Jahr über produziert die Familie die Lebensmittel für die Hütte. Butter, Joghurt und Topfen sind von höchster Qualität. Die Tiere im Stall haben Zeit, um langsam zu wachsen. *aa*

4,5

Buschenschenke Hupfa

Familie Niedermüller
Schlussnig 1
9771 Berg im Drautal
T +43 660 5077706
weingarten-hupfa@hotmail.com
www.buschenschenke-hupfa.at

Öffnungszeiten:
Ostern bis Allerheiligen:
Do. bis Sa.
16:00–22:00 Uhr
So. 15:00–22:00 Uhr
Betriebsurlaub:
(1.+2. Ferienwoche)

2022 Zertifiziert

Beim Wein vom Berg

Alles zu seiner Zeit, nicht alles zu jederzeit. Unter diesem Motto stellt Familie Niedermüller auf ihrem Bauernhof Wurst, Käse, Brot und Most mit Liebe, Bewusstsein und Nachhaltigkeit her. Das gilt sogar für den hauseignen Wein. Der Weingarten liegt auf 820 Meter Seehöhe hoch über dem Tal. Führungen mit Voranmeldung. *aa*

4,5

AlexanderAlm

Familie Glabischnig
Öttern 2
9872 Millstatt am See
T +43 664 6454920
info@alexanderalm.at
www.alexanderalm.at

Öffnungszeiten:
Mai bis Ende Oktober
Ruhetage siehe Website

Küche:
11:00–18:00 Uhr

2022 Zertifiziert

Durchhaltevermögen für den Genuss

Das Herz von Familie Glabischnig schlägt für Bio und die Käserei auf der Alm mit sensationellem Blick hinunter auf den Millstätter See. Sobald die Sennerei nach dem Brand vom Vorjahr neu aufgebaut ist, wird es wieder Führungen geben. Gewohnt unverfälscht und mit Verbundenheit zur Natur. Tipp: der Hofladen Nock-Franz im Tal. *aa*

4,5

Buschenschenke Höfler

Familie Unterlerchner
Waldweg 6
9872 Millstatt am See
T +43 4766 3009
www.buschenschenke-höfler.at

Öffnungszeiten:
Siehe Internet

Küche:
14:00–20:00 Uhr

2022 Zertifiziert

Ausblick unter Apfelbäumen

Das Panorama auf den Millstätter See. Der spritzige Most mit geräuchertem Schweinskopf, die Sulze mit Zwiebel und Essig, das Hausbutterbrot und die fruchtige Erdbeermilch. Alles zergeht voller Geschmack auf der Zunge und stammt direkt aus der eigenen Landwirtschaft. Besonders bei schönem Wetter ein echter Genuss. *aa*

4,5

Buschenschank Hübelbauer

Familie Walder
Untertscherner Weg 26
9546 Bad Kleinkirchheim
T +43 4240 337
M +43 664 5328657
huebelbauer@aon.at

Öffnungszeiten:
27. Dez. 2021 bis
9. Jan. 2022
5. Feb. bis 9. März 2022
23. Mai. bis 22. Juni 2022
10. Juli bis 31. Juli 2022
10. Sept. bis 10. Okt. 2022
Ab 13:00 Uhr von
Sa. bis Mi.

2022 Zertifiziert

Eine Jause, nur zum Zugreifen

Die Holzkeusche beim Hübelbauer ist noch ein Überbleibsel alter Nockalm-Architektur. Dementsprechend gemütlich kann man in der Stube zusammen sitzen. Auf dem Jausenbrett verleiten selbst gemachte Köstlichkeiten wie Speck, Würstln, Käse, Schinken zum Zugreifen. Dazu gibts Bauernbrot und einen köstlichen Reindling, auf Wunsch mit üppiger Mohnbutter. *et*

4,5

eve alps

Julia Pekarek und
Matthias Sibitz
Kleinkirchheim 5
9546 Bad Kleinkirchheim
T +43 664 7921324
info@evealps.at
www.evealps.at

Öffnungszeiten:
9:00–16:00 Uhr im Winter
bei Liftbetrieb.

2022 Zertifiziert

Stylische Panoramahütte

Topfenreinkerln nach dem Rezept der Oma, Burger mit Nockalmrind und eine Kräuter Maria zum Trinken aus dem Bio-Garten. Julia und Matthias setzen auf knapp 2.000 Meter regionale Hüttenküche mit modernem Touch um. Dazu kommt noch der Lounge-Charakter mit alpinem Einschlag. Wer es stylisch und regional mag, ist hier richtig. *aa*

4,5

Klamerhütte

Familie Klaus Kohlweiß
Feldpannalm 7
9544 Feld am See
T +43 676 9256410
kas@kohlweiss.at

Öffnungszeiten:
Auf Anfrage

2022 Zertifiziert

Selbst ist der Senner

Zarte Butter, feinster Topfen, erfrischendes Joghurt und würziger Bergkäse. In der Sennerei der Klamerhütte werden all diese Köstlichkeiten selbst hergestellt. Das alte Handwerk der Käserei wird auch gerne den einkehrenden Wanderern gezeigt. Danach schmeckt die Jause mit knusprigem Brot und Mangalitza-Speck einfach noch besser. *aa*

4,5

Schwarzseehütte

Christine und
Wolfgang Pirker
Verditz 133
9542 Afritz am See
T +43 650 2330042
positzer@gmx.at
www.schwarzseehuette.at

Öffnungszeiten:
Ab Mitte Mai täglich bis Anfang November

Küche:
Von 10:00–17:00 Uhr

2022 Zertifiziert

Kulinarisches Kleinod

Auf dem Hof in Afritz stellt Familie Pirker jene Spezialitäten her, die Wanderer auf der sonnengeküssten Terrasse der Schwarzseehütte serviert bekommen. Vier Generationen leben gemeinsam den Slow Food Gedanken und verwöhnen die Gäste mit bereits ausgezeichneten Lebensmitteln und typisch Kärntner Hausmannskost. *aa*

4,5

Neugarten Almseehütte GmbH

Johann Jakob Maier
Gipfelstraße/Gerlitzen
9543 Arriach – Gerlitzen
T +43 664 2309393
neugarten@almseehuette.at
www.almseehütte.at

Öffnungszeiten:
Anfang Juni bis 26. Okt.
Anfang Dez. bis April
9:00–18:00 Uhr

Küche:
9:00–18:00 Uhr

2022 Zertifiziert

Nachhaltig handeln

Rippalan, Stelzen, Kasnudln, Almochsensteak oder Kaiserschmarrn aus Zutaten vom eigenen Bauernhof oder ebenso nachhaltig denkenden Produzenten serviert Johann Maier auf der Gerlitzen. „Ehrliche Qualität auf den Tisch bringen, das leben wir schon seit über 50 Jahren“, sagt der Hüttenwirt, für den Slow Food ein Herzensanliegen ist. *aa*

4,5

Buschenschenke Sonnleitnhof

Karoline und Wilfried Kogler
Sonnleitnweg 1
9554 St. Urban am Urbansee
T +43 676 5821190
wkogler@aon.at
www.sonnleitn-hof.at
www.molkeschwein.at

Öffnungszeiten:
Juli bis August
Genaue Öffnungszeiten auf unserer Webseite oder auf Facebook – Buschenschenke Sonnleitnhof

2022 Zertifiziert

Prosciutto vom Molkeschwein

Die schöne Aussicht und die vielen Spezialitäten verlocken zu einem Besuch auf dem „Sonnleitnhof". Angeboten werden Erzeugnisse vom Kärntner Molkeschwein, angefangen von der Brettljause über belegte Brote bis zum hauseigenen luftgetrockneten Prosciutto. Es gibt auch Käseplatten und selbst an Veganer hat man gedacht. *wd*

4,5

Buschenschank Kölblhof

Familie Spiess
Maltschach 1
9560 Feldkirchen
T +43 664 73666036
info@buschenschank-koelbl.at
www.buschenschank-koelbl.at

Öffnungszeiten:
Ab-Hof-Verkauf: Fr. ab 13:00 Uhr; Markt: Sa., Feldkirchen

Küche:
Buschenschank: Mai bis Aug., siehe Homepage

2022 Zertifiziert

Bäuerliche Spezialitäten

„Unsere wichtigste Ressource für unsere Produkte ist Zeit, die wir investieren", erzählt Familie Spiess. Die Tiere werden mit selbst angebautem Futter langsam gemästet, stressfrei auf dem Hof geschlachtet, weiterverarbeitet und dürfen reifen. In der Buschenschank können die Gäste dann genauso in aller Ruhe genießen. *aa*

4,5

Buschenschenke Egger

Familie Karl Egger
St. Peter 11
9800 Spittal an der Drau
T +43 4762 2290
buschenschank.
egger@aon.at
www.buschenschank-
egger.at

Öffnungszeiten:
4. April bis 25. Juni, 11. Juli bis 2. Okt.; im Advent Do. bis So.

Küche:
April bis Okt. täglich 11:00–21:00 Uhr; im Advent 16:00–21:00 Uhr

2022 Zertifiziert

Jo, mir san mit'n Radl do!

Die Buschenschank Egger liegt ideal auf dem Drauradweg. Im Gastgarten lässt sich gut rasten und jausnen. „Wir leben, was wir predigen“, meint Burgi Egger. „Den Roggen für das Brot bauen wir selber an, die Schweindln werden auf dem Hof gemästet.“ Vom Schweinsbraten bis zum Speck, von der marinierten Zunge bis zum Glundner ist alles immer frisch. *wd*

4,0

Lammersdorfer Hütte & Sennerei

Familie Klammer
Lammersdorf 28
9872 Millstatt am See
T +43 664 1608123
info@
lammersdorferhuette.at
www.
lammersdorferhuette.at

Öffnungszeiten:
Mai bis Oktober
11:00–18:00 Uhr

2022 Zertifiziert

Alles Käse auf der Alm

Kühe melken, Butter rühren, Käse reifen lassen. Auf 1.650 Metern hoch über dem Millstätter See pflegt Familie Klammer nach wie vor das alte Handwerk der Sennerei und lässt Besucher am Alm-Alltag teilhaben. Natürlich auch kulinarisch mit Sennerjause, Käsespätzle oder Brettljause mit Produkten vom Bauernhof Egger. *aa*

4,0

Buschenschank Berger

Petra und Franz Berger
Buchholzer Straße 6
9541 Einöde bei Villach
T +43 664 73441167
hofladen-berger@aon.at
www.elli-riehl-puppenwelt.at

Öffnungszeiten:
jeweils
Do. und Fr. ab 14:00 Uhr

Küche:
Genaue Öffnungszeiten und Tischreservierung:
+43 664 73441167

2022 Zertifiziert

Plaudern und genießen
Eine gemütliche Stube und ein wunderschönes Platzerl im Bauerngarten laden zu einem genussreichen Plausch mit Freunden ein. Alles was zu einer Kärntner Brettljause gehört, wird von Familie Berger auf dem eigenen Hof selber erzeugt. Sogar der Roggen für das köstliche Sauerteigbrot aus dem Holzbackofen wird auf dem Hof angebaut. *wd*

4,0

Tonis Buschenschank

Toni Gailer
Greuther Weg 16
9580 Drobollach
T +43 664 5211204
anton.gailer@aon.at
Facebook: Tonis Buschenschank

Öffnungszeiten:
Mai bis Okt. ab 15:00 Uhr
Do. Ruhetag

2022 Zertifiziert

Jause mit Mehlspeisfinale
Zuerst Brettljause und Krustlbratl mit Bauernradler, dann Süßes im lauschigen Gastgarten. „Bei uns geht keiner ohne hausgemachte Mehlspeis heim", lacht Toni Gailer. Fleisch und Speck kommen von eigenen Schweinen, Butter und Topfen von der Huaba Hittn. Kinder freuen sich über Spielplatz, Kleintiere und neun Pferde! *aa*

4,0

Buschenschenke Wassacher

Familie Goritschnig
Bärndorfer Straße 3
9062 Moosburg
T +43 664 2206655
wassacher@aon.at
www.facebook.com/Buschenschenke-Wassacher

Öffnungszeiten:
Juni, Juli und August von Do. bis So. ab 17:00 Uhr

Küche:
17:00–21:30 Uhr

2022 Zertifiziert

Mit Liebe selbst gemacht

Der „Wassacher" zählt seit Jahrzehnten zu den besten Buschenschenken der Gegend wo Gäste ausschließlich mit Selbstgemachtem verwöhnt werden. Die eigenen Tiere wachsen auf dem Hof auf, werden hier geschlachtet und das Fleisch nach Familienrezepten zu Spezialitäten veredelt. Die Jause ist nicht nur ein Gaumen-, sondern auch Augenschmaus. *ih*

4,0

Brunnerhof

Familie Iris Stromberger
Pirkfeld 1
9300 St. Veit an der Glan
T +43 664 4300556
iris@brunnerhof.cc
www.brunnerhof.cc

Öffnungszeiten:
April bis Dez. Do. bis Sa. oder auf Anfrage

Küche:
Gansln und Enten nur auf Bestellung

2022 Zertifiziert

Gans ausgezeichnet

Ganslsülzchen, Gänselebercreme, Ganslschinken, Ganslsuppe ... Auf dem Brunnerhof mit Blick auf Burg Hochosterwitz dreht sich ab Martini bei Iris Stromberger und Franz Krinner alles rund um die Bio-Weidegänse, die direkt auf dem Hof aufwachsen. Und wenn mal keine Ganslzeit ist, gibt es köstliches Backhendl und Jause im wildromantischen Gastgarten. *aa*

4,0

Buschenschenke Hanebauer

Edling 4
9344 Weitensfeld im Gurktal
T +43 4265 622
www.hanebauer.at

Öffnungszeiten:
Mai, Juli, August, Oktober
Do. bis So. ab 14:00 Uhr

2022 Zertifiziert

Gurktaler Luftgeselchter

Schneeweiß und dunkelrot präsentiert sich der luftgeselchte – sprich luftgetrocknete – Speck und Schinken auf dem Teller: Der „Hanebauer" auf dem Zammelsberg ist die einzige Buschenschenke im Gurktal, welche diese Spezialiät serviert. Gemütlich ist die Laube und schön die Aussicht auf die umliegenden Berge. *wd*

4,0

Hofladen Buschenschenke Tomale

Familie Goltschnigg
Gölsach 1
9321 Kappel am Krappfeld
T +43 664 73297957
tomale@aon.at

Öffnungszeiten:
Juli und August auf Anfrage

2022 Zertifiziert

Spielplatz und Kuscheltiere

Bei Einheimischen beliebt ist der „Tomale", mitten im schönen Krappfeld gelegen. Die hausgemachten Spezialitäten von Rind und Schwein schmecken mit dem knusprigen Bauernbrot hervorragend, die Bio-Eier werden von den eigenen Hühnern gelegt. Auf kleine Besucher warten ein großer Spielplatz, Esel, Ponys und Hasen. *wd*

4,0

Buschenschenke Grün

Manuela Grün
Zeltschach 4
9360 Friesach
T +43 664 9225048
most1@aon.at
www.buschenschenke-gruen.at

Öffnungszeiten:
Von Mai bis September
Montag und Dienstag Ruhetag

2022 Zertifiziert

Abwechslung für Groß und Klein
Die kleinen Besucher freuen sich über Streichelzoo und Spielplatz, die Großen genießen die Brettljause mit Schinkenspeck und Schweinsbraten, Verhackertem, Liptauer und vielem mehr. Alles kommt aus der eigenen Küche und zu bestimmten Zeiten gibt es auch Specknudeln, Backhendln, Ripperln und geräucherte Forellen. *wd*

4,0

Buschenschenke Irregger

Armela und Thomas Liegl
Oberwietingberg 8
9374 Wieting
T +43 4264 2969
info@buschenschenke-irregger.at
www.buschenschenke-irregger.at

Öffnungszeiten:
Die Öffnungszeiten sind stets aktuell auf unserer Website sowie auf Facebook zu finden

2022 Zertifiziert

Romanitik mit „Bauernhugo"
Aus Most, Mineralwasser, Holundersaft, Zitrone und Minze entsteht beim Irregger der „Bauernhugo", der gut zur sebst gemachten Jause passt. Die wird gerne im Gastgarten mit der schönen Aussicht auf die Wallfahrtskirche Maria Hilf serviert. Wenn dann die Sonne untergeht, ist die romantische Stimmung perfekt. *wd*

4,0

Hiasl Zirbenhütte

Familie Siegrun
Struckl-Leitgeb
Zirbenweg 10
9571 Sirnitz
T +43 664 4032556
info@zirbenhuette.com
www.zirbenhuette.com

Öffnungszeiten:
6. Dez. bis 15. März
10. Mai bis Oktober

2022 Zertifiziert

Vorzug für heimische Qualität

Zirbenjausn. Apfelstrudel. Dinkelreindling. „Du bist, was du isst", heißt es aus der Küche der Hiasl Zirbenhütte. Aber Hüttenwirtin Siegrun bezieht Slow Food nicht nur aufs Essen. Bei der Almmatura bringt sie anderen die Wichtigkeit der Almwirtschaft näher. Pluspunkt: großer Kinderspielplatz und Panoramaterrasse. *aa*

4,0

Jausenstation Heritzer

Familie Heritzer
Pollheimerstraße 40
9411 St. Michael im Lavanttal
T + 43 4352 61161
mail@haus-und-hof.at
www.haus-und-hof.at

Öffnungszeiten:
1. Mai bis 25. Sept. 2022
Täglich ab 15:00 Uhr
Di., Mi. Ruhetag

2022 Zertifiziert

Paradies mit deftiger Jause

Eine Jausenstation mitten im Apfelparadies. Dementsprechend süffig sind der im Haus gepresste Most und die gesunden Säfte. In den gepflegten Räumlichkeiten wird das Beste von der Landwirtschaft aufgetischt: Geselchtes, Würste, Schinken, Speck, Brot, Salami. Diese Produkte kann man auch ganzjährig mit nach Hause nehmen. *et*

3,5

Schwussnerhütte

Josef und Heidi Gfrerer
Seebachtal
9822 Mallnitz
T +43 664 22 19 535
T +43 664 12 14 724
hochalm@peak.at
www.ankogel.at/schwussnerhuette

Öffnungszeiten:
Anfang Juni bis Ende September

Küche:
11:00–17:00 Uhr
August bis 18:00 Uhr

2022 Zertifiziert

Familienausflug ins Seebachtal

Mitten in den Hohen Tauern liegt die familienfreundliche Schwussnerhütte. Die Wirte setzen sich seit Jahren für die Kärntner Esskultur ein und servieren auf dem Jausenbrettl ein schmackhaftes Potpourri mit Köstlichkeiten aus der Umgebung. Aushängeschild ist der Schwarzbeerschmarrn sowie die selbst gemachten Nudeln und Knödel. *aa*

3,5

Hofschenke Mühlenstüberl

Familie Windbichler
Obergail 31
9653 Liesing
T +43 4716 20053
info@muehlenstueberl.at
www.muehlenstueberl.com

Öffnungszeiten:
Mai bis Oktober
Montag Ruhetag, auch im Sommer!

Küche:
12:00–20:00 Uhr

2022 Zertifiziert

Der Geschmack des Lesachtales

Nachmittags ist Zeit für die Morende. Dann wird im Lesachtal die typische Jause mit hausgemachten Köstlichkeiten serviert. Das Mühlenstüberl nebst Kräutergarten, Spielplatz und Wassermühle führt diese alte Tradition weiter und kredenzt zudem traditionelle Stockplattln mit Mohn-Kletzn-Fülle oder süße Krapfen auf. *aa*

3,5

Erlacherhaus

Josef Bernd Erlacher
Langalmtal 5
9545 Radenthein
T +43 676 4210545
info@erlacherhaus.at
www.erlacherhaus.at

Öffnungszeiten:
Mitte Mai bis 26. Oktober

Küche:
Täglich 11:00–18:30 Uhr

2022 Zertifiziert

Wandern, Wild und Weitblick

Gelbe Suppe, Ritschert, Wildgulasch und gebackene Mäuse aus Teig – der gelernte Koch Bernd Erlacher geht auf 1.655 Meter Seehöhe im idyllischen Langalmtal zurück zum Ursprung der Kärntner Küche. Wild, Fisch, Glundnerkäse, Milch, alles wird hier selbst gemacht. Wie schon damals beim Urgroßvater. Mit Übernachtungsmöglichkeit! *aa*

3,5

Die Labsalerie

Kreggaber Weg 7
9210 Pörtschach am Wörthersee
T +43 650 6466985
servus@dielabsalerie.at
www.dielabsalerie.at

Öffnungszeiten:
26. Mai bis 17. Sept.
Do., Fr., Sa.
16:00–22:00 Uhr

Küche:
Mai, Juni, Sept.
16:00–20:00 Uhr
Juli, August
17:00–21:00 Uhr

2022 Zertifiziert

Hausgemachte vegane Jause

Der Lindenhof ist ein verträumtes Kleinod mit jungem Charme. Das Spektakel begeistert mit verschiedenen Specksorten aus hofeigener Produktion. Veganer schwärmen von den grünen Köstlichkeiten aus dem Garten. Gastgeberin Elena Allesch setzt auf einfache, ehrliche Lebensmittel aus Eigenproduktion und der Region. *aa*

3,5

Weingut Maltschnig

Christina und Christoph Maltschnig
Lebmach 1
9556 Liebenfels
T +43 664 4303212
office@weingut-maltschnig.at
www.weingut-maltschnig.at

Öffnungszeiten:
Weinbuschenschank:
Juni bis Sept. jeweils
Do. und Fr. ab 16:00 Uhr
Verkostungen u. Gruppen auf Voranmeldung (ganzjährig)

2022 Zertifiziert

Winzerjause mit Weingartenpanorama
Ein gutes Glaserl Wein, ein schöner Ausblick und eine feine Jause mit regionalen Produkten. Das gibt es bei Familie Maltschnig. Auf 2,5 Hektar Rebfläche werden Chardonnay, Love Stone White, Weißburgunder und Cabernet Blanc angebaut. Fleisch, Käse und Bio-Eis für die Jause kommen großteils in Bio-Qualität von Produzenten aus der Nähe. *aa*

3,5

Buschenschenke Lassnig

Jutta und Johannes Lassnig
Terpetzen 4
9102 Mittertrixen
T +43 4231 2085
johannes.lassnig@aon.at
Facebook: Buschenschenke Lassnig

Öffnungszeiten:
20. 05. bis 19. 06. 2022
12. 08. bis 11. 09. 2022
Fr., Sa., So., Mo. und Feiertag ab 14.00 Uhr

Küche:
Bis 21:00 Uhr
Um Reservierung wird gebeten.

2022 Zertifiziert

Sulze mit Eierschwammerln
Nur kurze Zeit im Jahr hat man die Gelegenheit in der Buschenschenke Lassnig zu schmausen. Da gibt es mit „rotem Glundner“, Sulze aus Schweinsstelzen und eingelegten Eierschwammerln einiges an Spezialitäten zu verkosten. Auf der sonnigen Terrasse mit weitem Blick aufs Land schmeckt auch der Most besonders gut. *wd*

3,5

Alte Zollhütte

Sabine Kolar
Unterort 42
9143 St. Michael ob Bleiburg/
Šmihel pri Pliberku
T +43 664 4404288
almhuette-petzen@aon.at
www.altezollhuette.at

Öffnungszeiten:
Saisonal wie die
Bergbahnen Petzen

Küche:
10:00–15:00 Uhr

2022 Zertifiziert

Schmankerltreff für Aktive

Bergsteigerfrühstück mit Hadnsterz, Schweinsbratenbrot, zartem Verhackertem und hausgemachten Durstlöschern mit Kräutern aus dem Garten. Die Alte Zollhütte ist nicht nur ein beliebtes Ziel für Wanderer, Mountainbiker und Skifahrer, sondern setzt auch auf regionale Lebensmittel aus der Umgebung. *aa*

Zollnerseehütte

9635 Dellach im Gailtal
zollnersee-huette@
oeav-obergailtal.at
zollnerseehuette.
oeav-obergailtal.at

2022 Zertifiziert

Idyll in den Karnischen Alpen

Die rot-weißen Fensterläden und die kleine Friedenskapelle sind markant für die Zollnerseehütte auf 1.750 Meter Seehöhe. Familienausflügler kehren hier genauso gerne ein wie Weitwanderer. Ab dem Sommer sind neue Wirtsleute am Start. Mögen sie die Slow Food Philosophie ihrer Vorgänger mit Leidenschaft weiter leben. *aa*

3,0

Millstätter Hütte

Alpenverein Sektion Millstatt
Edith Widmann (Pächterin)
Schwaigerschaft 12
9872 Millstatt
T +43 664 73633439
alm@millstaetterhuette.at
www.millstaetterhuette.at

Öffnungszeiten:
Mai bis Oktober
durchgehend

Küche:
9:00–18:30 Uhr

2022 Zertifiziert

Mit Liebe gekocht

Auf der Sonnseite der Millstätter Alpen nimmt sich Edith Widmann Zeit fürs Kochen und auch Gäste sollen sich Zeit nehmen fürs Genießen. Mit besten Zutaten der Region bereitet die Almwirtin alle Speisen selbst zu – von der Kasnudel über die Vollkornspätzle bis hin zum Kaiserschmarrn. Das schätzen Wanderer. *aa*

3,0

Falkerthaus

Familie Gritzner
Falkertweg 33
9546 Bad Kleinkirchheim – St. Oswald
T +43 676 5724090
info@falkerthaus.at
www.falkerthaus.at

Öffnungszeiten:
Ganzjährig geöffnet

2022 Zertifiziert

Nach der Wanderung einkehren

Wer eine Wanderung in den Nockbergen macht, sollte sich bei der Rückkehr mit einem Abstecher in das gemütliche Falkerthaus, das idyllisch zwischen den Lärchen liegt, belohnen. Mit den knusprigen Forellen aus dem eigenen Teich, den selbst gemachten Fleischnudeln, der Brettljause oder dem Kaiserschmarrn kehren die Energien garantiert zurück. *et*

Genuss aus
KÄRNTEN
Genussland Kärnten
Kärnten
IS(S)T BESSER!
Gutes mit Gewissen.
Genussland Kärnten ist der Wegweiser
für echtes Lebensmittelhandwerk.
genusslandkaernten.at

Wo Sterne und Hauben zählen

Es gibt in Kärnten Restaurants, die auf internationale Lebensmittel setzen. Wir stellen diese auf den nächsten Seiten vor. Die Küche dieser Gastgeber ist großartig und bietet Genuss auf hohem Niveau.

Gourmetrestaurant Hubert Wallner

Seeplatz 6
9082 Dellach/Maria Wörth
T +43 4273 38 589
office@hubertwallner.com
hubertwallner.com

Gault&Millau ●●●● 18 Pkt.
Falstaff ●●○○ 85 Pkt.

Hubert Wallner gehört zu Österreichs Spitzenköchen und peilt mit seinem neuen Gourmetrestaurant auf der Südseite des Wörthersees die fünfte Haube an. Das mediterrane Ambiente direkt am Wasser vermittelt die Leichtigkeit des Südens und spiegelt seine Alpen-Adria-Küche wider. Hauseigener Bootsshuttle.

Restaurant Caramé

Am Corso 10
9220 Velden am Wörthersee
T +43 4274 3000
3000@carame.at
www.carame.at

Gault&Millau ●●●● 17 Pkt.
Falstaff ●●●● 95 Pkt.
A la Carte ★★★★ 88 Pkt.

Raffinierte Gerichte, immer wieder anders, flott und herzlich serviert. In Sachen Geschmack und Service punktet das Vier-Hauben-Lokal im Herzen Veldens und wurde dafür von Gault&-Millau mit dem „Service Award 2022" ausgezeichnet.

Restaurant „Das Lilienberg"

Polzerweg 1
9121 Tainach
T +43 4239 202 76
info@lilienberg.at
www.lilienberg.at

Gault&Millau ●●●◐ 16,5 Pkt.

Toskana-Feeling mit Blick auf die Karawanken. Im Restaurant Lilienberg fühlen sich nicht nur Italien-Liebhaber wohl, sondern auch Gourmets. Küchenchef Angelo Rindler ist zu seinen Kärntner Wurzeln zurückgekehrt und setzt kreativ die Alpen-Adria-Küche mit internationalem Einschlag in Szene.

Dolce Vita

Jakobsmuscheln, Trüffel, Scampetti. Mitten im Zentrum Klagenfurts schlägt im kleinen, aber feinen Restaurant das Küchenherz von Stephan Vadnjal für leichte, mediterrane Gerichte. Mittags im Gastgarten, abends degustierend im schicken Ambiente.

Heuplatz 2
9020 Klagenfurt am Wörthersee
T +43 463 554 99
restaurant.dolcevita@aon.at
www.dolce-vita.at

Gault&Millau	16,5 Pkt.
Falstaff	92 Pkt.
A la Carte	86 Pkt.

La Terrasse im Hotel Schloss Seefels

Kärntner Alpen-Adria-Küche voller Geschmack. Küchenchef Richard Hessl setzt schon lange auf eine kurze Lieferkette und zeigt bei den Speisen eine starke Verbundenheit mit der Region. Dazukommt noch die Lage direkt am Wasser, an einem der schönsten Plätze am Wörthersee.

Töschling 1
9212 Pörtschach, Techelsberg am Wörthersee
T +43 4272 2377
office@seefels.at
www.seefels.at

Gault&Millau	15 Pkt.
Falstaff	92 Pkt.

Restaurant Lagana

Dreierlei Biosaibling. Vulcano-Schinken mit Branzino. Grünteeeis. Küchenchef Hermann Andritsch hat ein Händchen für außergewöhnliche Kombinationen und Geschmackserlebnisse. Das Ambiente ist städtisch schick mit schönem Blick auf die Drau und die Altstadt.

Hotel voco® Villach
Europaplatz 1–2
9500 Villach
T +43 4242 22522
info@villach.vocohotels.com
www.villach.vocohotels.com

Gault&Millau	15 Pkt.
Falstaff	90 Pkt.

Vogelhaus

Domgasse 22
9020 Klagenfurt am Wörthersee
T +43 664 19 49 542
restaurantvogelhaus@gmail.com
www.restaurant-vogelhaus.at

Gault&Millau 3 von 4 Hauben 15 Pkt.

Von der Goldforelle bis zum Wurzelwerk. Das junge Team vom Vogelhaus gehört zu Klagenfurts kulinarischen Aufsteigern. Mittags was Kleines und abends mehrere Gänge, beides kochen sie kompromisslos gut. Ein kleines, aber feines Restaurant zum gerne Wiederkommen.

Der Tschebull

Familie Tschemernjak
Egger Seeuferstraße 26
9580 Egg am Faaker See
T +43 4254 2191
office@tschebull.cc
www.tschebull.cc

Gault&Millau 1 von 4 Hauben 12 Pkt.
Falstaff 1 von 4 Gabeln 82 Pkt.

Butterschmalzschnitzel. Büffelmozzarella mit Wildkräutern. Tagliatelle mit Eierschwammerln aus dem Wald. Als eines der ältesten Gasthäuser in Kärnten schwört die Familie seit Generationen auf Regionalität und lebt mit Leidenschaft die Alpen-Adria-Küche. Ohne Schnickschnack. Einfach geschmackvoll.

Kleinsasserhof

Familie Gasser
Kleinsass 3
9800 Spittal an der Drau
T +43 4762 2292
buchung@kleinsasserhof.at
www.kleinsasserhof.at

Gault&Millau 1 von 4 Hauben 11,5 Pkt.
Falstaff 3 von 4 Gabeln 90 Pkt.

Kitschig und kreativ – so ist das Ambiente am bunten Kleinsasserhof. Und auch auf dem Teller geht es bunt zu. Alte Rezepte werden immer neu interpretiert und mit Zutaten aus dem eigenen Garten und der eigenen Landwirtschaft verfeinert. Wer offen für etwas ganz anderes ist, wird begeistert sein von der grandiosen Küche.

Seerestaurant Portofino

Krumpendorfer Schnecken, Branzino und Muscheltopf oder doch Kasnudeln? Aus vielen regionalen Lebensmitteln werden im Seerestaurant Portofino mit fantastischem Blick auf den Wörthersee und die Veldener Bucht klassische Gerichte, aber auch Kreatives mit einem Hauch Internationalität serviert.

Seehotel Europa
Wrannpark 1–3,
9220 Velden am Wörthersee
T +43 4274 2770
seehotel.europa@wrann.at
www.wrann.at

Falstaff 88 Pkt.

Restaurant Maria Loretto

Seefisch trifft auf Meeresbewohner. Seit Jahrzehnten ist das Restaurant auf der malerischen Halbinsel in der Klagenfurter Bucht eine Anlaufstelle für Liebhaber von Fisch. Bei leuchtenden Sonnenuntergängen wird auf der Terrasse mit Blick über den See diniert.

Lorettoweg 54
9020 Klagenfurt am Wörthersee
T +43 463 24465
anfrage@restaurant-maria-loretto.at
www.restaurant-maria-loretto.a

Falstaff 86 Pkt.

Landhaus Kutsche

Erdäpfelrahmsuppe, Trüffel oder Steak in der gemütlich-rustikalen Stube. Seit Jahrzehnten ist die Kutsche ein Paradebeispiel für gehobene Landhausküche, die ganz bewusst auf regionale Zutaten und Qualität setzt. Das macht sie auch bei Einheimischen so beliebt.

Familie M. Schrader
Göriacher Straße 2
9220 Velden am Wörthersee
T +43 4274 2946
office@landhaus-kutsche.at
www.landhaus-kutsche.at

Falstaff 85 Pkt.

Die Bewertungen von Gault&Millau, Falstaff und À la carte im Überblick

GAULT&MILLAU

4 Hauben (18–17 Punkte)

Forelle, Weissensee
Hubert Wallner, Dellach
Sicher, Tainach
Caramé, Velden am Wörthersee

3 Hauben (16,5–15 Punkte)

Dolce Vita, Klagenfurt am Wörthersee
Frierss Feines Haus, Villach
Das Lilienberg, Tainach
Moritz, Grafenstein
La Torre, St. Veit an der Glan
Trippolt Zum Bären, Bad St. Leonhard
Bachler, Althofen
Bärenwirt, Hermagor
Lagana, Villach
La Terrasse, Techelsberg
Vogelhaus, Klagenfurt am Wörthersee
Die Yacht, Velden am Wörthersee

2 Hauben (14,5–13 Punkte)

Burg Landskron, Villach
Biohotel Gralhof, Neusach
Kropf, Griffen
Alte Point, Arriach
Hubertushof im Garten, Velden am Wörthersee
Metzgerwirt, Radenthein
Liegl am Hiegl, St. Georgen/Längsee
Restaurant Leiten, Karnburg
Lindenhof, Feld am See
Seespitz, Velden
Stiftsschmiede, Ossiach

Sonderpreise Servicepreis 2022:

Caramé, Velden am Wörthersee

Newcomerin des Jahres 2022:

Clara Aue, Gralhof, Weissensee

Quelle: Webseite Gault&Millau 2022

FALSTAFF

Die Forelle, Weissensee, 97 Punkte

Caramé, Velden am Wörthersee, 95 Punkte

Fischerhaus, Moosburg, 93 Punkte

Frierss Feines Haus, Villach 93 Punkte

Bachler, Althofen, 92 Punkte

Dolce Vita, Klagenfurt am Wörthersee, 92 Punkte

Hochschober, Turracher Höhe, 92 Punkte

La Terrasse im Hotel Schloss Seefels, Pörtschach, Techelsberg am Wörthersee, 92 Punkte

La Torre, St. Veit an der Glan, 92 Punkte

Fischrestaurant Sicher, Tainach, 91 Punkte

Moritz, Grafenstein, 91 Punkte

Kleinsasserhof, Spittal an der Drau, 90 Punkte

Lagana im voco® Villach, 90 Punkte

Trippolt Zum Bären, Bad St. Leonhard, 90 Punkte

Quelle: www.falstaff.at, 2021

A LA CARTE

Die Forelle, Weissensee, 94 Punkte

Frierss Feines Haus, Villach, 94 Punkte

Caramé, Velden am Wörthersee, 88 Punkte

Dolce Vita, Klagenfurt am Wörthersee, 86 Punkte

Bärenwirt, Hermagor, 85 Punkte

La Torre, St. Veit an der Glan, 84 Punkte

Trippolt Zum Bären, Bad St. Leonhard, 82 Punkte

Quelle: https://alacarte.at, 2021

Wir beziehen uns auf die Bewertungen, die im Feber 2022 verfügbar waren.

Hof- und Feinkostläden

Mitten im Dorf oder unterwegs am Weg – in Kärnten gibt es zahlreiche regionale Hofläden und Genussshops. Die Regale sind gut gefüllt mit heimischen Spezialitäten und lassen einen die Landschaft am Gaumen erleben. Frisches fürs Frühstück, Mitbringsel für zu Hause oder Proviant für die Reise, hier kann mit gutem Gewissen eingekauft werden.

Edelgreißlerei Herwig Ertl

Edelgreißler Herwig Ertl

9640 Kötschach-Mauthen
Hauptplatz 19
www.herwig-ertl.at

Öffnungszeiten:
Mo. bis Fr. 8:15–12:15 Uhr
und 14:30–18:00 Uhr,
Sa. 8:15–12:15 Uhr

Sie ist mehr als ein Laden mit edlen Produkten: Herwig Ertl hat mit seiner Greißlerei eine kulinarische Bildungseinrichtung geschaffen. Beim Verkosten am langen Tisch bringt Ertl die Slow Food-Philosophie so drüber, dass der Funke überspringt. Dass seine Mini-Kreationen aus Köstlichkeiten der Alpen-Adria-Region wunderbar schmecken, macht die Sache noch spannender.

's Gschäft

9635 St. Daniel
St. Daniel 53

Öffnungszeiten:
Mo. bis Fr. 7:30–12:00 Uhr
und 15:30–18:00 Uhr,
Sa. 7:30–12:00 Uhr

Ein Geschäft mit Geschichte: Bauern aus der Umgebung haben gemeinsam mit der Bevölkerung diesen Laden gegründet, um die Nahversorgung zu sichern. Neben konventionellen Produkten gibt es Gemüse, Käse, Säfte, handgemachte gefüllte Nudeln, Speck oder Schnäpse von den Landwirten aus der Region. Vieles in Bio-Qualität, hier wird der Slow Food Gedanke hochgehalten.

Lesachtaler Bauernladen

9655 Maria Luggau
Maria Luggau 15
www.lesachtal.com

Öffnungszeiten:
Von Mai bis Oktober
täglich ab 9:30–18:00 Uhr

Knuspriges Lesachtaler Bauernbrot, fruchtige Marmeladen, Feines vom Lamm, Speck, Käse, Säfte und Edelbrände von über 50 Bauern und Produzenten aus dem Tal: Das alles ist im Lesachtaler Bauernladen im Wallfahrtsort Maria Luggau ebenso zu finden, wie handgemachte Souvenirs, Holzschnitzereien oder Strickwaren.

Lesachtaler Fleisch

Markus Salcher
9654 St. Lorenzen/Lesachtal
St. Lorenzen 42
www.lesachtaler-fleisch.at

Öffnungszeiten:
Mo. bis Sa. von 9:00–12:00 Uhr

Bio-Fleisch vom eigenen Bauernhof verarbeitet Markus Salcher zu Speck – darunter luftgetrockneten Schinkenspeck und Rindersaftschinken – und Würstln in allen Variationen. Weit über das Lesachtal hinaus bekannt ist er für seinen Beinschinken. Frischfleisch gibt es natürlich auch, ebenso Käse und Butter von heimischen Bauern.

Schatzkammer Hotel Schloss Lerchenhof

9620 Hermagor-Pressegger See
Untermörschach 8
www.lerchenhof.at

Öffnungszeiten:
Täglich von 8:00–20:00 Uhr

In der eigenen Hoffleischerei und Räucherei entsteht nicht nur der „Gailtaler Speck g.g.A.“, sondern auch Wiesenkräuter- und Wurzelspeck, der Castell Vino, Salami, Hauswürstln, Verhackerts und Leberpastete. Die kulinarischen Kleinode finden sich in der „Schatzkammer“ des Schlosses und so manches von anderen Bauern aus der Gegend dazu.

weissen-see-fisch

9762 Weissensee
Neusach 106
www.weissenseefisch.at
Verkauf Fischhaus:
T +43 676 50 13 674

Öffnungszeiten:
nach telefonischer Vereinbarung.

Die Wildfänge von Martin Müller – Reinanken, Karpfen, Rotaugen – sind in jeder Hinsicht etwas Besonderes. Daneben verarbeitet er Saiblinge, Forellen und Karpfen aus nachhaltiger Aquakultur. Die Fische gibt es frisch, heiß oder kalt geräuchert, süßsauer eingelegt, als Tatar oder Aufstrich. Exquisit die Cortinswangen: Geräucherte Fischwangen in Olivenöl eingelegt.

Bauernladen Walter

Bauernladen Walter

9821 Obervellach
Räuflach 6
www.bauernladen-walter.at

Öffnungszeiten:
Mo., Mi., Do., Fr. von 8:00–18:00 Uhr,
Sa. von 8:00–13:00 Uhr,
Di. und So. geschlossen

Der Bauernladen der Familie Walter ist für Einheimische und Urlauber ein Fixpunkt im Mölltal: Der Speck wird nach einem alten Hausrezept hergestellt, ebenso die vielen Wurstwaren. Brot wird in der Backstube täglich frisch gebacken, dem Kärntner Reindling oder den Bauernkrapfen kann kaum einer widerstehen. Verschiedene Käsesorten kommen von befreundeten Bauern.

Tauernfenster Mölltal

9821 Obervellach
Obervellach 25

Öffnungszeiten:
Di. bis Sa. 9:00–12:00 Uhr,
Di. und Fr. auch von
15:00–18:00 Uhr

Kunterbunt ist das Angebot in dem kleinen Geschäft am Hauptplatz von Obervellach, alle Produkte kommen aber von kleinen Handwerkern und Bauern aus der Region. Zu finden sind neben Lebensmitteln wie Eiern, Milch, Mehl, Brot, frisches und eingelegtes Gemüse, Backwerk und vieles mehr auch Töpferei-, Filz- und Strickwaren.

Direktvermarkter Saupper

9822 Mallnitz
Dösen 2
www.saupper.at

Öffnungszeiten:
Täglich, am besten nach Anmeldung
T +43 664 38 20 775

Auf 1.435 Meter Seehöhe liegt der Bauernhof, den Familie Saupper bereits in vierter Generation bewirtschaftet. Neben den traditionellen Kärntner Leckerbissen gibt es auch diverse Sorten von Leberkäse, Bündnerfleisch, Tauernbeisser, Wildspezialitäten, verschiedene Marmeladen und Chutneys und ein Kräuteröl aus dem eigenen Wildkräutergarten.

Bauernhof Gams

9587 Hart / Lačilo 4
www.dergams.at

Öffnungszeiten:
Di., Do., Sa. von 8:00–14:00 Uhr,
Fr. 8:00–18:00 Uhr

Der „Gams" ist einer der ältesten Bauernhöfe: Seine Geschichte reicht bis ins 13. Jahrhundert zurück. Der Hofladen mit seinem schönen Gewölbe bietet eine Auswahl verschiedener Öle, die auf dem Hof angebaut und immer schonend frisch gepresst werden. Auch Erdbeernektar, Schnäpse, Liköre, Apfelessig, Hadnmehl, weiße Polenta, Seifen und Massageöl finden sich hier.

kostBAR

9841 Winklern
Winklern 202
www.kostbar-winklern.at

Öffnungszeiten:
Mo., Mi., Do., Fr., Sa.
von 8:30–20:00 Uhr,
Di. von 8:30–14:00 Uhr

Je nach Saison finden sich unterschiedliche Produkte im KostBAR-Bauernladen. Sie kommen fast alle von Produzenten aus Oberkärnten, das erspart Transportwege. Das Angebot reicht von Speck und Würstl'n – auch vom Lamm – bis zu Kaffee, Schokolade und Käse. Die kürzeste Anreise hat der Eierlikör aus Bio-Eiern: Den stellt Irina Kanzian selber her.

Ebners Greißlerei

9811 Lendorf
Lendorf 56
www.ebners-greisslerei.at

Öffnungszeiten:
Mo. bis Fr. 5:00–18:00 Uhr,
Sa. 6:00–12:00 Uhr,
Sonn- und Feiertag:
6:00–10:00 Uhr

Der kleine Laden ist mittlerweile weit über Lendorf hinaus bekannt. Statt Produkten von Großhändlern sind Spezialitäten wie Bauernbrot, Mehl, Honig, Speck, Käse und Milchprodukte von Ziegen und Schafen, Mehlspeisen, Kräutertees und Gewürze von Bauern aus der Region zu finden.
Das Leitmotiv ist einleuchtend: „Wer weiter denkt, kauft näher ein."

Kräuterdorf Irschen

Kräuterdorf Irschen

www.kraeuterdorf.at
Kräuterhaus Pfarrstadel

Öffnungszeiten:
Von April bis September
Mo. bis Fr. 9:00–17:00 Uhr,
Sa. von 9:00–13:00 Uhr
Während der Wintermonate sind die Produkte in der Kräuterwerkstatt im Gemeindeamt erhältlich

Das Natur- und Kräuterdorf Irschen ist ein Slow Food Village der ersten Stunde. Das traditionelle Wissen über die gesunde Wirkung von Wild- und Gartenkräutern wird wie die duftenden Kräuter gehegt und gerne weitergegeben. Bei den Bauern, im Pfarrstadel oder im Kräuterladen gibt es viele Spezialitäten zum Mitnehmen.

Långnerhof

9771 Berg im Drautal
Oberberg 21
www.langnerhof.at

Öffnungszeiten:
Mo. bis Fr. von 8:30–17:00 Uhr,
Sa. von 8:30–12:00 Uhr

Schon lange bevor Berg in die Gilde der Slow Food Dörfer aufgenommen wurde, lag Familie Weiß als Bio-Bauern der nachhaltige Umgang mit der Natur und ihren Tieren am Herzen. Sie sind stolz darauf, zu 100 Prozent wertvolle Lebensmittel zu erzeugen: Speck, Salami, Hartwürstln und diverse Wurstsorten sind auf dem Hof auf der „Sunnseit'n" erhältlich.

Biohof Sommeregger/Spittaler Schlossbauern

Biohof Sommeregger / Spittaler Schlossbauern

9800 Spittal an der Drau
St. Peter 19
www.biohof-sommeregger.at

Öffnungszeiten:
Do. von 16:00–19:30 Uhr,
Fr. von 8:30 -12:00 Uhr

Familie Sommeregger-Ebner setzt auf biologischen Landwirtschaft. Angebaut werden Urroggen, Einkorn, Dinkel, Hafer und Weizen – daraus entstehen köstliche Brote. Das Korn wird auch geschrotet oder gemahlen und zu „Talggen", einer Oberkärntner Spezialität, verarbeitet. Weiters gibt es Kartoffeln und das komplette Angebot der Spittaler Schlossbauern.

gellius.shop

9800 Spittal an der Drau
Siebenbürgergasse 2
Info über Facebook

Öffnungszeiten:
Mo. bis Fr. von 8:30–17:00 Uhr,
Sa. von 9:00–13:00 Uhr

Das Bad Kleinkirchheimer Lokal „Gellius" hat in Spittal Zuwachs bekommen: Im „gellius.shop" werden die im Restaurant gekochten Köstlichkeiten eingeweckt in Gläsern zum Mitnehmen angeboten. Neben Kalbsrahmgulasch, Wildragout oder vegetarischem Beuschel findet sich auch veganes wie Kürbis-Karotten-Curry. Auch im Angebot: dutzende Produkte von Kärntner Partnern.

Kärntnermilch
Der Lesachtaler
BERGKÄSE
Der unvergleichbar g`schmackige Lesachtaler
Bergkäse wird nach traditionellem Rezept von den
Kärntnermilch Meisterkäsern hergestellt.
JETZT NEU
im Kühlregal!
Kärntnermilch
Lesachtaler
BERGKÄSE
IN SCHEIBEN
HARTKÄSE,
50 % F.I.T.
Kärntnermilch
Lesachtaler
BERGKÄSE
HARTKÄSE,
50 % F.I.T.
DIE MEISTERKÄSER
GSCHMACKIG
OHNE
gen
Unsere Milch ist unser Lebe
www.kaerntnermilch.at

Genuss-Meierei

Genuss-Meierei Spittal

9800 Spittal/Drau
Villacher Straße 92

Öffnungszeiten:
Mo. bis Fr. 7:00–18:00 Uhr,
Sa. 7:00–12:00 Uhr

Genuss-Meierei Villach

9500 Villach, Industriestraße 3

Öffnungszeiten:
Mo. bis Fr. 7:00–18:00 Uhr,
Sa. 8:00–12:00 Uhr

Genuss-Meierei Feldkirchen

9560 Feldkirchen
Ossiacher Bundesstraße 5

Öffnungszeiten:
Mo. bis Fr. 7:00–18:00 Uhr,
Sa. 7:00–12:00 Uhr

Genuss-Meierei Hermagor

9620 Hermagor, Gailtalstraße 4

Öffnungszeiten:
Mo. bis Fr. 7:00–18:00 Uhr,
Sa. 7:00–12:00 Uhr

Kärntnermilch im Karnerta Fleischfachmarkt Klagenfurt

9020 Klagenfurt am Wörthersee
Ebentaler Straße 168

Öffnungszeiten:
Mo. bis Fr. 7:00–18:00 Uhr,
Sa. 7:30–12:00 Uhr
www.kaerntnermilch.at

Meierei ist zwar die traditionelle Bezeichnung für Molkerei, in den Genuss-Meiereien der „Kärntnermilch“ entdeckt man aber neben der riesengroßen Auswahl an Milchprodukten noch weit mehr: Etwa regionale Schmankerln wie frisches Gebäck, Fleisch- und Wurstwaren, Getränke, Knabbereien, Nudeln, Essige und Öle sowie ausgesuchte internationale Spezialitäten.

Haller's Genussladen

9871 Seeboden
Hauptplatz 9
www.adeg-haller.at

Öffnungszeiten:
Mo. bis Fr. von 9:00–18:00 Uhr,
Sa. von 9:00–13:00 Uhr

Der Name verspricht nicht zu viel: Schon das Gustieren zwischen den Regalen ist eine wahre Freude. Kräuter aus Irschen, Zirbenprodukte, Mehle vom Bio-Bauern Thausig, Finkensteiner Nudeln, Schnäpse, Essig- und Ölsorten, kleine Geschenkartikel und täglich frische Kuchen sind nur ein kleiner Teil des Angebotes.

Bauerngreißlerei Löscher

9871 Seeboden
Unterhaus 5
www.landhaus-loescher.at
und auf Facebook

Öffnungszeiten:
Do. von 15:00–18:00 Uhr,
Sa. von 9:00–12:00 Uhr

Der gekochte Schinken schaut zum Hineinbeißen gut aus, das Brot duftet und die frische Butter wird mit speziellen Modeln verziert – überall ist zu spüren, dass beim Löscher die ganze Familie fleißig mitarbeitet. Tiefgekühlt angeboten werden gefüllte Nudeln. Benachbarte Landwirte ergänzen das Sortiment im Hofladen mit Bränden oder Marmeladen.

Feinstes vom Maltataler

Familie Truskaller vlg. Kronegg
9854 Malta
Malta 71
www.feinstesvommaltataler.at

Öffnungszeiten:
Mo. bis Sa. von 9:00–12:00 Uhr
und 15:00–17:00 Uhr

Solange der Vorrat reicht gibt es Speck, Hauswürste, Salami, Leberwurst, Rollschinken und Frischfleisch von Rind, Schwein, Kalb und Lamm, Hendln im Winter und zu Ostern und Weihnachten ganz spezielle Selchwaren. Eier gibt es immer. Forellen werden frisch oder geräuchert angeboten. Für die Edelbrände werden nur eigene Früchte verwendet.

Schlieber's Kräuterstube und Schmankerlhütte

9872 Millstatt
Obermillstatt 204
www.schlieber.at

Öffnungszeiten:
Mo. bis Sa. von 7:30–12:00 Uhr,
Schmankerlhütte: Selbstbedienung
Mo. bis So. von 7:30–19:00 Uhr

Für alles ist ein Kräutlein gewachsen und in der Kräuterstube findet man sicher das Richtige für jeden kulinarischen Anlass. Dazu viele hausgemachte Spezialitäten wie diverse Salze, Blüten- oder Hustensirup, Kapuzinerkressenblütenessig oder eingelegte Gemüse. Hausbrot aus dem Steinbackofen wartet ab ca. 20:30 Uhr im Laden.

Schaukäserei Kaslab'n Nockberge

Schaukäserei Kaslab'n Nockberge

9545 Radenthein
Mirnockstraße 19
www.kaslabn.at

Öffnungszeiten:
Mo. bis Fr. von 8:00–18:00 Uhr,
Sa. von 8:00–12:30 Uhr

Kuh- und Ziegenmilch – alles in Bio-Heumilch-Qualität – werden in der Schaukäserei zu feinstem Käse verarbeitet, der dann im Reifekeller bis zu einem Jahr reift. Durch große Fenster können die Kunden dabei zusehen, wie Bergkäse, Tilsiter, Heublumen-Käse, Butterkäse, Schnittkäse, Weiße Ziege oder der einzigartige Mischkäse KuZi entstehen.

Die Radlerei

9544 Feld am See, Dorfstraße 8
www.radlerei.at

Öffnungszeiten:
ab Februar täglich von 7:30–22:00 Uhr. Zwischensaison: Mi., Do. von 7:30–13:00 Uhr, Fr., Sa., So. von 7:30–17:00 Uhr

Dorfgreissler & Bistro nennt sich der kleine Laden, in dem von Bauernhofeis bis zu Pasta und Müsli Produkte von Produzenten aus ganz Kärnten zu finden sind. Dazu kommt die hauseigene Glaslküche: Hausmannskost wie Ritschert, Gulasch oder Beuschel in Einmachgläsern. Nicht nur für Radler wird auch Frühstück am Kamin oder in der Sonne angeboten.

Biobauernhof Mallhof

Biobauernhof Mallhof

9546 Bad Kleinkirchheim
Dorfstraße 29
www.mallhof.at

Öffnungszeiten:
Mo., Fr. von 8:00–16:00 Uhr,
Di. bis Do. von 8:00–13:00 Uhr,
Sa. von 8:00 bis 12:00 Uhr

Bio-Bauern aus der Region bieten ihre Schmankerln im Mallhof an, stöbern im einladenden Verkaufsraum lohnt sich. Vom Mallhof selbst kommen Milch, Käse und Selbstgemachtes aus Milchprodukten von Kuh, Schaf und Ziege. Von den Kollegen Salami und Speck, Kasnudeln, Kaspressknödel, Essige und Öle, Marmeladen, Brot und vieles mehr.

Kärnten Fisch

9544 Feld am See
Millstätter Straße 77
www.kaerntenfisch.at

Öffnungszeiten:
Mo. bis Fr. von 8:00–17:00 Uh,.
Sa. von 8:00–12:00 Uhr

Fischliebhaber kommen hier auf ihre Kosten: Verschiedene Forellen, Kärntner Låxn und Saiblinge werden sowohl frisch wie geräuchert oder gebeizt angeboten. Auch Huchen gibt es auf Vorbestellung und im Winter Karpfen und den heißbegehrten Forellen- und Saiblingskaviar. Weiters Räucherfischaufstrich und sauer mit Zwiebel eingelegte Fische.

Bio-Bergbauernhof Hasentrattner

9545 Radenthein-Kaning
Nockweg 11
www.hasentrattner.at

Öffnungszeiten:
Hofladen täglich von morgens bis abends

Wenn die Straße nicht mehr weitergeht, ist man beim Hasentrattner angelangt. Hier oben in den Nockbergen haben sich Natascha und Andreas ihren Traum vom Bio-Bauern-Dasein erfüllt. Nataschas Liebe gehört dem Käse, den sie selbst produziert und der in der guten Bergluft reift. Den gibt es mit manch anderem Leckerbissen – auch von Nachbarn – in ihrem Hofladen.

Dorfladen Fresach

9712 Fresach
Dorfplatz 160
www.dorfladen-fresach.at

Öffnungszeiten:
Mo. bis Fr. von 6:00–12:00 Uhr und 15:00–18:00 Uhr,
Sa. von 6:00–12:00 Uhr

Die Vielfalt des kulinarischen Angebots Kärntens im Fresacher Dorfladen: Da finden sich die Produkte von Bauern und Produzenten zwischen Großglockner und Lavanttal, die locker mit der Feinkost aus den Nachbarländern mithalten können. Der Dorfladen ist auch Treffpunkt für Einheimische und Urlauber, die auf einen Café und einen Tratsch vorbeischauen.

Mona's Kaufladen ADEG Arriach

9543 Arriach 43
www.monas-kaufladen.at

Öffnungszeiten:
Mo., Mi., Fr. von 6:00–12:30 Uhr und 15:00–18:00 Uhr,
Di. und Sa. von 6:00–12:30 Uhr,
Do. von 7:00–12:30 Uhr und 15:00–18:00 Uhr

Ein „Supermarkt mit Herz" steht mitten im Slow Food Village Arriach: Der ADEG-Markt bietet auch Bio-Produkte aus der Region an. Eigene Bauernecke gibt es zwar keine, aber wer sich ein bisschen umschaut oder das freundliche Personal fragt, wird bei Käse, Salami, Bauernbrot, Joghurt oder Nudeln fündig.

Handg'macht und mehr

9523 Villach-Landskron
Emailwerkstraße 35

Öffnungszeiten:
Mo. bis Fr. 7:30–12:30 Uhr und 15:00–18:30 Uhr

Die Schmankerln von sieben regionalen Direktvermarktern können in Landskron auf einem Fleck gustiert werden: In dem kleinen Laden warten alle möglichen Lebensmittel für den täglichen Bedarf, aber auch fertige Gerichte wie Szegediner Gulasch, gefüllte Paprika oder Lasagne sind mit dabei. Olivenöl und eingelegte Gemüse sorgen für einen Hauch Alpen-Adria.

Unser Bauernladen – Nockfleisch

9564 Patergassen
Vorwald 84
nockfleisch.at

Öffnungszeiten:
Di., Mi., Do. von 8:30–12:30 Uhr,
Do., Fr. von 8:30–17:00 Uhr,
Sa. von 8:00–12:00 Uhr

Frischfleisch und regionale Köstlichkeiten von Bauern aus der Region Nockberge sind in dem kleinen Laden in Patergassen zu finden. Darunter auch Gurktaler luftgeselchter Speck, Bündner Fleisch von Rind, Schwein oder Hirsch, die delikaten Kräuterlaibchen, Bauernbrot und -butter, Käse, Eier und Salami. Nicht zu vergessen: der Eierlikör!

Hannis Krendlerei

9560 Feldkirchen
Bahnhofstraße 2
www.hanniskrendlerei.at
Infos: Facebook und Instagram

Öffnungszeiten:
Mo. bis Fr. von 8:00–15:00 Uhr,
Sa. von 8:00–12:00 Uhr

Der Name ist Programm: Krendeln muss sein bei Kärntner Nudeln. Nur der Teig ist in der Krendlerei ein wenig anders als üblich: Er wird nach einem alten Familienrezept ohne Eier hergestellt. So können auch vegane Nudeln – gefüllt mit Kartoffeln, Schwarzbeeren oder Äpfeln – angeboten werden. Ansonsten gibt es Füllungen sonder Zahl: von Bärlauch bis Himbeeren.

Die Nockbauern

9560 Feldkirchen
Milesistraße 2
www.nockbauern.at

Öffnungszeiten:
Mo. bis Fr. von 7:30–18:00 Uhr,
Sa. von 7:30 bis 13:00 Uhr

Frischfleisch und bäuerliche Spezialitäten sind bei den Nockbauern in Feldkirchen zu finden. Viele Dauerwaren, darunter auch Ausgefallenes wie Kräuterlaibchen oder Almkräuterschinken werden selbst produziert. Brot, Nudeln, Milch und Käse sind ebenfalls im Angebot, ebenso tiefgefrorene oder frisch gekochte Gerichte zum Mitnehmen.

Duschlbaur

9560 Feldkirchen
Obere Tiebelgasse 6
www.naturkost-duschlbaur.at

Öffnungszeiten:
Mo. bis Fr. von 8:00–18:00 Uhr,
Sa. von 8:30 bis 12:30 Uhr

Zeit sollte man sich schon nehmen, wenn man beim Duschlbaur vorbeischaut. Die älteste Greißlerei Kärntens setzt auf gesunde Bauern- und Bio-Produkte und hausgemachte Vollwertmehlspeisen. Von besonderem Reiz sind die nostalgischen Regale, in denen sich Tees, Kräuterauszüge und Tinkturen von Kurcuma bis Mariendistel entdecken lassen.

Markt Café Finkensteiner Nudelfabrik

Markt Café Finkensteiner Nudelfabrik

9585 Gödersdorf / Finkenstein am Faaker See
Warmbaderstraße 34
www.finkensteiner.at

Öffnungszeiten:
Di. bis Sa. von 9:00–21:00 Uhr,
Juli und August von Mo. bis Sa. von 9:00–21:00 Uhr

Mit Leidenschaft und Liebe arbeiten die Damen im Markt Cafe und die Lieferanten der Spezialitäten aus Kärnten und den Nachbarregionen. Da sind zuerst die 90 Nudelsorten, dazu Öle, Essige, Speck, Käse und Honig. Hausgemachtes wie Sugos und Pestos wartet in der Tiefkühltruhe.

Das Wiegelehaus

9611 Nötsch im Gailtal
Nötsch 39
www.wiegelehaus.at

Öffnungszeiten:
Mi. bis Fr. von 6:00–18:00 Uhr,
Sa. von 6:00–13:00 Uhr,
Sonntag bis Dienstag geschlossen

Eine Bäckerei mit Museum oder ein Museum mit Bäckerei? Das lässt sich beim Wiegelehaus schwer sagen. Fest steht, dass beim Kunstgenuss das Kulinarische nicht zu kurz kommt: In der Bäckerei wartet eine Vielfalt an Broten und Mehlspeisen, wie die berühmten Schaumrollen aus Blätterteig. Die kann man sich auch im Museumsstüberl schmecken lassen.

Bioshop im Zitrusgarten

Bio-Shop im Zitrusgarten

9583 Faak am See
Blumenweg 3
www.zitrusgarten.at

Öffnungszeiten:
Mo. bis Fr. von 10:00–18:00 Uhr,
Sa. von 10:00–16:00 Uhr,
Feiertags von 13:00–17:00 Uhr,
Sonntag Ruhetag

Die größte Sammlung von Zitrusfrüchten in Europa kann hier bestaunt werden. Mit Salz oder Zucker veredelte Zitronen, Orangen und Limetten – auch die seltene Zitrusfrucht „Pompia", ein Projekt der Slow Food-Presidi – schmecken köstlich. Naschkatzen lieben den Bio-Konfekt, ein Dauerbrenner ist der Bio-Zitruseistee.

Frierss Feines Haus

9500 Villach
Gewerbezeile 2
www.frierss.at

Öffnungszeiten:
Mo. bis Sa. von
7:30–18:00 Uhr

Der „Prosiciutto Castello", 14 Monate gereift im Schloss Treffen im Gegendtal, kann sich mit seinen italienischen Kollegen durchaus messen. Auch die Kärntner Delikatessen, wie Salami oder Sasaka, zeugen von der langjährigen Tradition der Familie Frierss. Und dann gibt es im wohlsortierten Geschäft viele Spezialitäten aus dem Alpen-Adria-Raum!

Sonnhof Kulinarik

9536 St. Egyden
St. Egydener Straße 412
www.sonnhof.me

Öffnungszeiten:
Do. von 9:00–12:00 Uhr
und 14:00–17:00 Uhr,
Fr. von 9:00–12:00 Uhr

Auf dem Sonnhof hat man sich dem Bio-Hanf verschrieben, wobei vom Anbau bis zur Verarbeitung vieles von Hand gemacht wird. Die Hanfsamen werden zu Öl gepresst, der Presskuchen zu Mehl und Hanfprotein verarbeitet. Es gibt Tee, Hanfmüsli, Dinkel-Hanfnudeln und süße und pikante Knabbereien. Auch Eingerextes wie Wildragout oder Kuchen im Glas können mitgenommen werden.

Fischerhof

9220 Velden am Wörthersee
Watzenigweg 1a
www.gutes-fischerhof.at

Öffnungszeiten:
Di. bis Fr. von 9:00–18:00 Uhr,
Sa. von 9:00–13:00 Uhr.
Schaubrennerei nach Anmeldung:
T +43 650 44 55 568

Mitten in Kärnten blüht und duftet der Lavendel! Daraus und aus Marillen, Äpfel, Zwetschken, Ribisel und Himbeeren werden Sirupe, Marmeladen, Säfte und in der kleinen Brennerei Edelbrände, Liköre und Gin hergestellt.

Goritschniggs Fleischerei

9220 Velden am Wörthersee
Casinoplatz 3–5
www.goritschnigg.com

Öffnungszeiten:
Mo., Di., Mi. von
8:00–14:00 Uhr,
Do., Fr. von 8:00–18:00 Uhr,
Sa. von 8:00–13:00 Uhr

Handwerk hat bei Familie Goritschnigg Tradition: Seit über 125 Jahren wird von der Extrawurst über den Leberkäse bis zu Gulaschsuppe oder Chili con Carne im Glasl alles selbst gemacht. Speziell für Fleischtiger: Im Premium Meat Ager reifen die Gustostückerln von Rind und Lamm in mit Salz angereicherter Luft.

Weber Hof

Ludmannsdorf / Bilčovs
Selkach / Želuče 17
www.weber-hof.at

Öffnungszeiten:
Do. von 8:00–11:00 Uhr,
Fr. von 16:00–19:00 Uhr,
Sa. von 8:00–12:00 Uhr.
Während der Spargelzeit
Mo. bis Sa. von 9:00–12:00 Uhr
und 13:00–17:00 Uhr,
So. von 9:00–12:00 Uhr

Familie Weber setzt auf Weiß-Rot-Grün: Spargel, Erdbeeren und Knoblauch werden je nach Saison frisch angeboten. Spargel und Knoblauch gibt es auch süßsauer eingelegt, Knoblauch gefriergetrocknet, Erdbeeren zu Nektar verfeinert. Dazu Sirupe, Öle, Essige und Fruchtaufstriche.

Rudorfer's Nudlamt

Rudorfer's Nudlamt

9241 Wernberg
Bundesstraße 27
www.nudlamt.com

Öffnungszeiten:
Mo. bis Fr. von 08:00–16:00 Uhr

Im Nudlamt werden Fans von Kärntner Nudeln fündig: Es gibt sie nicht nur traditionell mit Käse oder Erdäpfel gefüllt, da warten auch Hanfnuss-Kürbiskern-Nudeln und süße Varianten. Viele sind vegetarisch, lactosefrei und vegan. Ähnlich schaut es beim Knödel-Angebot aus und im Genussladen gibt es zahlreiche Produkte von Bauern zu entdecken.

Klosterladen Wernberg

9241 Wernberg
Klosterweg 2
www.klosterwernberg.at

Öffnungszeiten:
Mo. bis Fr. 8:00–18:00 Uhr,
Sa. von 8:00–12:00 Uhr

Die Kräuter für Salze, Gewürze und Auszüge wachsen im Klostergarten, ebenso das Gemüse, welches frisch oder eingelegt angeboten wird. Aus der Klosterküche kommen Suppeneinlagen, vom klostereigenen Bauernhof Eier, Milch- und Vollkornprodukte. Brot wird zwei Mal die Woche frisch gebacken, hausgemachte Mehlspeisen sind jeden Tag ab 12.30 Uhr erhältlich.

Adamhof

9063 Maria Saal
Arndorf 8
www.hofladenadamhof.at

Öffnungszeiten:
Jeden Freitag von
9:00–18:00 Uhr

Stroh als Einstreu, große Ställe und viel Freiraum – die Schweine auf dem Adamhof haben von Geburt an genug Auslauf, gefüttert werden sie mit hofeigenem Getreide. Produziert wird alles, was es für die Kärntner Jause oder zum Grillen braucht. Weiters Sauerteig-Brot, Kasnudeln, Aufstriche und Milch- und Getreideprodukte – Letztere in Bio-Qualität.

Kärntner Lådn

9500 Villach
Lederergasse 8
www.kärntner-ladn.at

Öffnungszeiten:
Mo. bis Fr. von 9:00–12:30 Uhr
und 14:30–18:00 Uhr,
Sa. von 9:00–12:00 Uhr

Ein Shop wie eine kulinarische Reise quer durch Kärnten: Erhältlich sind Produkte von Bauern, die zwischen dem Großglockner und Lavamünd Kleinserien von Hand herstellen. Dazu gehören „wilde Köstlichkeiten" aus dem Metnitztal ebenso wie Wein, der unterhalb der Burg Hochosterwitz wächst, Essig aus alten Obstsorten und Käse und Speck aus dem Gailtal.

schieflinger.ortsladen

9535 Schiefling am Wörthersee
Keutschacher Straße 117
ortsladen.at

Öffnungszeiten:
Mo., Mi. von 7:00–15:00 Uhr,
Di., Do., Fr. von 12:00–18:00 Uhr

Ein ganz besonderer Laden ist in Schiefling entstanden: Das Sortiment besteht aus dem Angebot von Ab-Hof-Verkäufern und Direktvermarktern regionaler Produkte im Umkreis von maximal zehn Kilometern. Dazu gehören alle Grundnahrungsmittel wie Frischfleisch und Milchprodukte, aber auch Fertiggerichte oder der seltene Hadn-Whisky.

Dein's & Mein's

9020 Klagenfurt am Wörthersee
Paradeisergasse 4

Öffnungszeiten:
Mo. bis Fr. von 10:00–18:00 Uhr,
Sa. von 9:30–15:00 Uhr

Dein's & Mein's

9500 Villach, Postgasse 6

Öffnungszeiten:
Mo. bis Fr. von 10:00–17:00 Uhr,
Sa. von 10:00–15:00 Uhr

Nachhaltig Leben und Einkaufen und regionale Vielfalt bieten, das ist das Bestreben der österreichischen Kette von Gemeinwohl-Läden. Neben Kunstgegenständen und Pflegemitteln werden naturnah produzierte Lebensmittel und Getränke mit kurzen Transportwegen angeboten.

Delikatessen Jäger

Delikatessen Jäger

9020 Klagenfurt am Wörthersee
Radetzkystraße 38–40
www.delijaeger.com

Öffnungszeiten:
Mo. bis Fr. 7:00–18:00 Uhr,
Sa. 7:00–13:00 Uhr

Ein Slow Food Kaufmannsladen mitten in Klagenfurt: Dr. Erwin Jäger und seine Tochter Doris bieten durch den direkten Kontakt mit den Bauern authentische Produkte aus ganz Kärnten an. Schinken und Würstl von kleinen Produzenten, Nudeln, Frischfleisch und saisonale Delikatessen. Und sie pflegen den Umgang mit den Kunden!

Cabalier – Greißlerei – Imbiss

9020 Klagenfurt am Wörthersee
Siebenhügelstraße 28
Auf Facebook und Instagram

Öffnungszeiten:
Di. bis Fr. von 10:00–18:00 Uhr,
Sa. von 8:00–14:00 Uhr

Kultkoch Christian Cabalier ist jetzt auch „Multi-Kulti-Greißler": Mit seinem Neffen Markus hat er eine Mischung aus Delikatessenladen und Imbiss eröffnet. Serviert werden leckere Kleinigkeiten wie Sandwich mit Schweinsbraten und Jalapenos, zum Mitnehmen gibt es Deftiges wie Paprikahendl oder Ritschert. Dazu warten ausgewählte Spezialitäten von Produzenten aus der Alpen-Adria-Region.

Die Kärntnerei

Die Kärntnerei

9020 Klagenfurt am Wörthersee
St. Veiter Straße 194
www.kärntnerei.at

Öffnungszeiten:
Wienerroither:
Mo. bis Fr. 5:30–18:00 Uhr, Sa. 5:30–17:00 Uhr, So. 5:30–11:00 Uhr.
Frierss und Kaslab'n: Mo. bis Fr. 7:30–18:00 Uhr, Sa. 7:30–17:00 Uhr

Das Experiment ist geglückt: Die Bäckerei Wienerroither aus Pörtschach, der Villacher Schinken- und Feinkostspezialist Frierss und die Kaslab'n aus Radenthein betreiben gemeinsam in Klagenfurt die „Kärntnerei". Ein Genusstempel für Feinschmecker, die hier eine ganze Palette von echten heimischen Spezialitäten auf einem Fleck vorfinden.

Hirter GenussTheke

9020 Klagenfurt am Wörthersee
Koschatstraße 32–34

Öffnungszeiten:
Mo. von 10:00–16:00 Uhr,
Di. bis Fr. von 10:00–20:00 Uhr,
Sa. von 9:00–14:00 Uhr.
Weitere Filialen in Feldkirchen und Millstatt
www.hirterbier.at/genusstheke

Wein, Bier, Spirituosen und Schmankerln der Brauerei Hirt und dem Alpen-Adria-Raum bieten die GenussTheken. In Klagenfurt kann man Wildragout oder Ritschert aus der Hirter Bräu-Küche mitnehmen; in Feldkirchen wird zu Mittag frisch gekocht; in Millstatt setzt man auf Spezialitäten der Region.

Wakonig's HofgreißlerEi

Wakonig's HofgreißlerEi

9020 Klagenfurt am Wörthersee
Schumygasse 52
www.wakonigs-hofgreisslerei.at

Öffnungszeiten:
Do. 11:00–19:00 Uhr,
Fr. 8:00–18:00 Uhr,
Sa. 8:00–12:00 Uhr

Ein Bilderbuch-Hofladen in der Landeshauptstadt: Die HofgreißlerEi hat eine Menge Stammkunden, die jede Woche schon auf das frisch gebackene Brot von Barbara Wakonig warten. Eier, Nudeln und Gebäck werden ebenfalls selbst hergestellt, dazu gibt es noch die Produkte von vielen Bauern quer durch Kärnten. Hochgelobt wird der Leberkäse im Glasl!

ZOMMSTEHN am Mårkt

9020 Klagenfurt am Wörthersee
Wiener Gasse 10
Auf Facebook

Öffnungszeiten:
Mi., Do., Fr. von
10:00–22:00 Uhr,
Sa. von 9:00–14:00 Uhr

Hier lässt sich gut sein: Der Genussladen, in dem man auch Kaffee oder Wein trinken und essen kann, liegt versteckt in einem der reizvollen Innenhöfe der Altstadt. Die delikaten Kleinigkeiten kommen vorwiegend aus Kärnten und Slowenien, vieles direkt von Bauern. Nicht alles gibt es zu kaufen: Mancher Leckerbissen ist so rar, dass er nur als exklusive Jause serviert wird!

Schokoladenmanufaktur Craigher

Schokoladenmanufaktur Craigher

9360 Friesach
Hauptplatz 3
www.craigher.at

Öffnungszeiten:
Mo. bis Sa. 7:30–18:30 Uhr,
Sonn- & Feiertage von 10:00–18:00 Uhr

Schokolade Erlebnis-Manufaktur
Mo. bis Sa. 9:00–17:00 Uhr,
Sonn- & Feiertage von 10:00–17:00 Uhr

Wie unterschiedlich Kakao aus aller Welt unverarbeitet schmecken kann, lernt man in der Erlebnis-Manufaktur. Wie köstlich die Nascherei nach der Veredelung mundet, bei den Schokoladen: Die gibt es handgefertigt mit Füllungen von Spargel bis Zitrone.

Thausing Naturkost

Merlinghof
9064 Magdalensberg
Matzendorfer Straße 26
www.thausing-naturkost.at

Öffnungszeiten:
Mi. von 15:00–19:00 Uhr

Vom Feld auf den Teller alles aus einer Hand und bio – Björn Thausing baut ursprüngliche Getreidesorten ohne Kunstdünger oder chemische Schädlingsvernichtung an, mahlt das Getreide in der eigenen Hofmühle und stellt daraus Natursauerteigbrote und Backwerk her. Auch Öle werden am Hof frisch kaltgepresst.

Müllers Hof

9311 Kraig
Meiseldinger Straße 4
www.muellers-hof.at

Öffnungszeiten:
Mi. bis So. von 9:00–20:00 Uhr

„Bestellt, gekocht und abgeholt" ist das verlockende Motto von Müllers Hofladen. Und wenn man schon einmal da ist, lohnt sich ein Blick in die Regale des hübsch eingerichteten Verkaufsraums mit den regionalen und hausgemachten Produkten wie selbst gebackenes Brot, Speck, Kernöl, Saucen, Tees, Gewürzen und Schokolade.

Mocho Markt

9112 Griffen
(bei der Autobahnausfahrt)
Gewerbestraße 11
www.mochoritsch.at

Öffnungszeiten:
täglich von 8:00 bis 20:00 Uhr

Beim Mocho Markt in der Griffen Rast lohnt sich ein Zwischenstopp: Hier sind feine Genüsse aus der ganzen Alpen-Adria-Region zu bekommen. Olivenöl und Salz aus Istrien, Trüffel, Weine und Schnäpse aus Italien, Marmeladen, Fleisch- und Milchprodukte aus Kärnten und die Mocho-Eigenmarke des Hauses: Öle, Mehl, Honig, Polenta und Weine.

Knappengut

Familie Schebath
9321 Kappel am Krappfeld
Krasta 4
www.marktplatzmittelkärnten.at

Öffnungszeiten:
Immer, wenn jemand zu Hause ist oder nach telefonischer Vereinbarung: T +43 664 35 73 130

Seit 30 Jahren baut Franz Schebath Kürbis an und seine Frau Manuela findet immer wieder neue Kreationen für ihre Kürbisknabberkerne. Die gibt es mit Reindling-Geschmack, mit Sesam und mit Bier oder Chili verfeinert, als Pesto oder zu einer Gewürzmischung verarbeitet. Ganzjährig frisch gepresst ist das gesunde Kürbiskernöl erhältlich.

Arlitscherhof

9135 Bad Eisenkappel /
Železna Kapla
Lobnig / Lobnik 3
www.arlitscherhof.at

Öffnungszeiten:
Fr. von 8:00–18:00 Uhr,
Sa. von 8:00–12:00 Uhr
oder nach Voranmeldung
T +43 676 72 46 753

Nudeliges – gefüllt, geschnitten, aus Weizen oder Dinkelvollkorn – sind die Klassiker beim Arlitscher. Die mit frischen Eiern hergestellten Nudeln gibt es auch als verboten gute „Arlichips", Kräutertees, Pesto, Chutney, Marmeladen und ausgefallene Liköre aus Fichtenwipfeln oder Dörrzwetschken ebenfalls.

Biohof Tomic

Biohof Tomic

9141 Eberndorf / Dobrla vas
Buchbrunn / Bukovje 12
www.biohof-tomic.at

Öffnungszeiten:
Hofladen Mo. bis Fr. von 8:00–12:00 Uhr. Marktstand in Klagenfurt jeweils von 7:00–13:00 Uhr. Mi. Waidmannsdorf. Do. Benediktinermarkt, Fr. Bio-Markt, Sa. Villacher Wochenmarkt

Am Biohof Tomic wird seit über 25 Jahren organisch-biologischer Landbau betrieben. Angebaut wird Getreide, das auf dem Hof vermahlen und zu verschiedensten Broten verarbeitet wird. Das Getreide wird auch als Körner oder Mehl und mit Bio-Zutaten als Müsli und Crunchy angeboten.

Hofkäserei Nuart

9102 Mittertrixen
Waisenberg 6
www.nuart.at

Öffnungszeiten:
Fr. und Sa. von 9:00–18:00 Uhr

Der Rohmilchkäse von Familie Nuart ist schon Legende, das in Holzasche gereifte „Schwarze Schaf" ist in den besten Restaurants zu finden. Den unverwechselbaren Geschmack und das Aroma verdanken die Käse dem sorgsamen Umgang mit dem einzigartigen Rohstoff Milch. Aus der entsteht in der Hofkäserei auch Joghurt in Handarbeit.

Greisslerei Napetschnig – Die Greisslerei in Diex

9103 Diex
Diex 8

Öffnungszeiten:
Mi. bis Fr. von 8:00–16:00 Uhr,
Sa. und So. von
10:00–16:00 Uhr

Regina und Andreas Pschaider haben sich eine spannende Aufgabe vorgenommen: Ihre Greisslerei ist als Nahversorgerin mit regionalen Lieferanten gedacht. Die beiden haben schon ein breitgefächertes Sortiment von Lebensmitteln bis zu Seifen, Cremen und Handgestricktes. Im angeschlossenen kleinen Café wird der Cappuccino ausschließlich mit Frischmilch zubereitet!

Marktplatz Erschenhof

9141 Globasnitz / Globasnica
St. Stefan / Šteben 10
www.erschenhof.at

Öffnungszeiten:
Mo. bis Do. von 8:00–12:00 Uhr,
Fr. von 8:00–17:00 Uhr,
Sa. von 8:00–12:00 Uhr

Nicht weniger als den Geschmack der Heimat will die Familie Erschen mit ihrem Hofladen vermitteln. Eigene Produkte wie Sonnenblumen-, Kürbiskern-, Leinsamen- oder Walnussöl, Kürbissalz, Apfelsaft und Knabberkerne sind ebenso zu finden wie Lebensmittel von Bauern aus dem Jauntal und darüber hinaus – auch glutenfrei und für Vegetarier.

Biohof Hanzmann

9122 St. Kanzian
Horzach 1/8

Öffnungszeiten:
Fr. von 15:00–19:00 Uhr
oder nach Vereinbarung

Ziegen sind echt zickig, zumindest was ihr Futter angeht: Dafür liefern sie eine besonders gut verdauliche Milch, die auf dem Hanzmann-Hof zu Joghurt, Topfen und Weichkäse mit Basilikum oder Schwarzkümmel verarbeitet wird. Ein Geheimtipp zum Grillen ist der Brat- und Grillkäse, der in Kräuter und Öl eingelegt ist.

Bauernladen Pratnekar

9143 St. Michael ob Bleiburg / Šmihel pri Pliberku
Feistritz 40

Öffnungszeiten:
Mo. bis Fr. von 9:00–12:00 Uhr
und 15:00–18:00 Uhr,
Sa. von 9:00–13:00 Uhr

Einen großen Obstgarten nennt Familie Pratnekar ihr Eigen: Marillen, Äpfel, Kirschen, Birnen, Zwetschken, Himbeeren, Johannisbeeren und Holunder werden nur, wenn sie richtig reif sind, von Hand geerntet. Daraus entstehen edle Brände, Sirup, Essig, Most, Liköre und Marmeladen. Ein eigenes Sonnenblumenöl und Frischobst je nach Saison gibt's auch.

Gšeft

Gšeft

9143 St. Michael ob Bleiburg /
Šmihel pri Pliberku 26
www.gseft.at

Öffnungszeiten:
Mo. bis Fr. von 8:00–19:00 Uhr,
Sa. von 8:00–13:00 Uhr

Wohnzimmer, Kulturtreff, Café zum Ratschen, Nahversorger und das alles mit dem Anspruch regional und biologisch! Das Gšeft gibt sich so vielfältig wie sein Sortiment: Neben Lebensmitteln – Olivenöl aus Istrien, aber auch Ausgefallenes wie Bio-Ajvar oder verlockende Mehlspeisen – finden sich tolle Körbe, kleine Schmuckstücke und vieles mehr.

Fräulein Maier's Kräuterei

9473 Lavamünd
Rabensteingreuth 3
Auf Facebook

Öffnungszeiten:
Sa. den ganzen Tag
Sonst nach Vereinbarung:
T +43 650 55 62 279

Steht Ihnen der Sinn nach getrockneten, essbaren Blüten? Oder einem Massageöl aus Äpfeln? Dann sind Sie bei Fräulein Maier richtig: Aus Kräutern, Blumen und Gemüse stellt sie in Handarbeit gesunde Sachen her. Mit Hingabe auch aus Tomaten: sortenreines Ketchup, Saft, Marmelade, getrocknete Paradeiser mit und ohne Öl.

Biohof Paulitsch

9431 St. Stefan
Rieding 42
www.biohof-paulitsch.at
Ab-Hof-Verkauf nach Anmeldung:
T +43 664 44 16 566
Verkauf in zahlreichen Bioläden in Unter- und Mittelkärnten

Auf dem Erbhof am Fuß der Koralpe, der seit über 230 Jahren im Besitz der Familie ist, wird Obst und Gemüse biologisch angebaut und von Doris und Gerhard Paulitsch in süße Versuchungen verwandelt. Rund 40 Sorten Obst und Kräuter werden zu Fruchtaufstrichen, Sirup, süßen und scharfen Chutneys verarbeitet.

Haus der Region

9400 Wolfsberg
Getreidemarkt 3
www.hausderregion.at
Öffnungszeiten:
Mo. bis Fr. von 9:00–19:00 Uhr,
Sa. von 9:00–17:00 Uhr

Die Schätze des Lavanttals unter einem Dach sind im „Haus der Region" zu finden: Dazu zählen neben Säften, Wein, Likören, Tee, Honig, Gewürzen und Getreide auch Spezialitäten vom Strauß, getrocknete Mehlwürmer und schwarzer Knoblauch. Dem nicht genug: Es gibt auch Räucherwerk, Kunsthandwerk aus Holz und Keramik sowie Strickwaren aus Alpaka-Wolle.

Saat & Tat, Naturhof Tomažej

9143 St. Michael ob Bleiburg / Šmihel pri Pliberku
Traundorf 8 / Strpna vas 8
www.saatundtat.at
Öffnungszeiten:
Hofladen Fr. von 16:00–19:00 Uhr.
Gemüsefeld nach Vereinbarung:
T +43 650 970 58 77

Frisches Gemüse, traditionelles und ausgefallenes Brot etwa mit Linsen oder roten Rüben, Nudeln, Fruchtsirupe und -aufstriche, Salzmischungen oder Suppengemüse im Glasl – alles aus Überzeugung bio angebaut: Im heimeligen Hofladen ist vieles zu finden. Wer mehr über Backen, Kochen und Konservieren lernen möchte, ist bei den Workshops gut aufgehoben.

Zogglhof

Obmann Hans Köstinger
9470 St. Paul im Lavanttal
Hundsdorf 2
www.mostbarkeiten.at
Öffnungszeiten:
Nach telefonischer Vereinbarung:
T +43 4357 3141

Der Zogglhof mit seiner eigenwilligen Fassade fällt schon von Weitem auf: Im Inneren beherbergt der frühere Gutshof des Stiftes St. Paul heute die „Galerie der Mostbarkeiten". Hier können die Destillate, Moste, sortenreine Apfelweine und Säfte der Lavanttaler Bauern verkostet und gekauft werden. Führungen mit kommentierten Verkostungen sind möglich.

Forellenhof Marzi

Forellenhof Marzi

9431 St. Marein
Völkling 4
www.marzi-forellen.at

Öffnungszeiten:
Mi, Do. und Fr. von
8:00–12:30 Uhr
und 14:00–18:00 Uhr,
Sa. von 8:00–12:30 Uhr

Forellen und Saiblinge sind beim Marzi immer zu haben, in der kalten Jahreszeit auch Karpfen und die bis zu acht Kilo schwere Kaiserforelle, welche mariniert oder geräuchert dem Lachs durchaus Konkurrenz macht. Die Fische werden auch geräuchert und zu kleinen Delikatessen wie Wellnessfilets oder Fischlaibchen verarbeitet.

Genussladen St. Paul im Lavanttal

9470 St. Paul im Lavanttal
Schwarzviertler Straße 2
www.hausderregion.at

Öffnungszeiten:
Mo. bis Fr. von 9:00–19:00 Uhr,
Sa. von 9:00–17:00 Uhr. Im Sommer während der Ausstellungen im Stift:
Di. bis Fr. von 9:00–19:00 Uhr,
Sa. von 9:00–17:00 Uhr,
So. von 11:00–17:00 Uhr

Der Genussladen gehört zum „Haus der Region" in Wolfsberg, konzentriert sich aber auf Produzenten aus dem unteren Lavanttal: Schinken- und Wurstspezialitäten, Honig, Erzeugnisse der Mostbarkeiten und des Stifts St. Paul, welche in „Schatzkisterl"verpackt gern verschenkt werden.

Lavanttaler Spargelhof Sternath

9431 St. Stefan im Lavanttal
Hauptstraße 34
www.spargelhof-sternath.com

Öffnungszeiten:
Während der Spargelzeit
Mo. bis So. von 8:00–18:00 Uhr
(auch an Sonn- und Feiertagen)

Spargel, das königliche Gemüse, lockt Fans aus halb Kärnten ins Lavanttal. Bei Familie Sternath gibt es neben den elfenbeinweißen Stangen auch grünen und violetten Spargel – knackig-frisch sind sie alle. Den weißen Spargel kann man auch gleich vor Ort schälen lassen. Ideale Ergänzung für ein frühlingshaftes Schlemmermahl: frische Erdbeeren!

ChiliFraunz

9400 Wolfsberg
Hoher Platz 4
www.chilifraunz.at

Öffnungszeiten:
Di. bis Fr. von 9:00–13:00 Uhr
und 15:00–18:00 Uhr,
Sa. von 9:00–13:00 Uhr

Christian Franz Klary alias „ChiliFraunz" züchtet im Lavanttal scharfe Schoten und stellt daraus noch schärfere, aber zum Glück auch mild-fruchtige Saucen, Rubs, Marmeladen und Eingelegtes her. Es finden sich auch geröstete Chili-Mehlwürmer und ein Chili-Likör.

Kammerhof

9433 St. Andrä
Höfern 4
www.spargel-lavanttal.at

Öffnungszeiten:
In der Spargelzeit täglich
von 8:00–18:00 Uhr.
In der Artischockenzeit
(Juli bis Ende September)
Selbstbedienung am Hof
rund um die Uhr.
Empfohlen wird Vorbestellung:
T +43 664 460 9644

Mit dem Spargel und den Artischocken regieren auf dem Kammerhof zwei Jahreszeiten. Neben den exotischen Gemüsen finden sich im Hofladen auch Popcorn und Apfelsaft, Most und Destillate aus dem eigenen Obstgarten.

Fischeria Schloss Lichtengraben

9462 Bad St. Leonhard
Lichtengraben 1
www.schloss-lichtengraben.at

Öffnungszeiten:
Fr. von 10:00–15:00 Uhr (im Sommer bis 18:00 Uhr). Ofenwarme Räucherfische ab 12:00 Uhr. Juli bis Sept. So. von 11:30–18:00 Uhr mit Voranmeldung. Frische Fische nach Termin jederzeit: T +43 664 500 87 28

Die Forellen und Saiblinge in Naturteichen: Einer war einst der Wassergraben einer Burg. Jeden Freitag räuchert Schlossherr Andreas Rittler: Die Fische können heiß in der Fischeria verspeist werden. Im Hofladen „Zur alten Mühle" gibt es auch Gin, Apfelsaft und -most, Honig und fangfrische Fische.

Wein aus Kärnten

Von Sonnenstrahlen gestreichelt. Nachhaltig angebaut. Per Hand geerntet. Die Kärntner Weine gibt es nicht in riesigen Mengen, aber dafür in guter Qualität. Einige Winzerinnen und Winzer setzen inzwischen auf Bio und pilzwiderstandsfähige Sorten. Weißweine wie Weißburgunder, Grauburgunder oder Chardonnay und Rotweine wie Zweigelt und Pinot noir aus Kärnten sind auf den Weinkarten der Slow Food Restaurants zu finden und können auch direkt vor Ort verkostet sowie ab Hof gekauft werden.

www.weinauskaernten.at

Wir stellen hier eine Auswahl an Winzern mit Ab-Hof-Verkauf und Verkostungsmöglichkeiten vor. Weitere Winzer finden Sie auf www.weinauskaernten.at

Weingut Taggenbrunn

Familie Riedl
9300 St. Veit an der Glan
Taggenbrunn 9
www.taggenbrunn.at

Schmeichelnde Südlage. Landschaftlich ist Burg Taggenbrunn mit Weingut, Hofladen, Hotel und Heurigen ein lohnenswertes Ausflugsziel. Und auch das große Sortiment an Weiß- und Rotweinen kann sich sehen lassen. Die edlen Tropfen werden auf einer Fläche von rund 45 Hektar angebaut und nachhaltig verarbeitet.

Domäne Lilienberg Weinbau

Mirjam Orasch
9121 Tainach
Polzerweg 1
www.lilienberg.at

Weißweine, ganz biologisch ist das Credo der Vollblutwinzerin, die hoch über dem Völkermarkter Stausee in Südkärnten ein modernes Weingut mit Gourmetrestaurant aufgebaut hat. Weine und andere Köstlichkeiten können ab Hof gekauft werden, Verkostungen nach Voranmeldung.

Weingut Karnburg

Georg Lexer und Sem Kegley
9063 Klagenfurt am Wörthersee
Leiten 6
www.leiten.eu

Wer qualitativ hochwertige Bio-Weine sucht, ist bei Sem P. Kegley und Georg M. Lexer richtig. Auf rund 9,5 Hektar bauen sie Chardonnay, Pinot Grigio, Sauvignon blanc, Zweigelt und Pinot Noir sowie auch PIWIs an. Direkt im Restaurant Leiten kann bei einem guten Essen verkostet werden.

TrippelGut

Familie Trippel
9560 Feldkirchen
Hubertusweg 4
www.trippelgut.at

Das TrippelGut gehört zu den größeren Weingütern Kärntens und punktet nicht nur mit der tollen Lage beim Maltschacher See. Auch die Weine und Schaumweine können sich sehen lassen. Kellerführungen mit Weinverkostung und private Führungen mit dem Kellermeister nach Voranmeldung, Ab-Hof-Verkauf mit Hotel und Restaurant.

Burgwein Laßnig
Franz und Andreas Laßnig
9555 Glanegg
Burg Glanegg, Mautbrücken
www.burg-wein-lassnig

Unter der Burg Glanegg wachsen Sauvignon Blanc, Chardonnay, Weißburgunder und Zweigelt. Dazu kommen die vollmundigen PIWI-Sorten Donauriesling und Blütenmuskateller. Öffnungszeiten auf der Webseite beachten!

Weingut Georgium
Markus Gruze & Uta Slamanig
9313 St. Georgen am Längsee
Längseestraße 9
www.georgium.at

Für die biodynamischen Weine aus der Burgunderfamilie vom Längsee, muss man sich ein wenig Zeit nehmen. Der Pinot soll seinen Geschmack voll entfalten können. Vor Ort gibt es Winzerzimmer und das Restaurant „Das Kulinarium".

Weingut Maltschnig
Christoph und Christina Maltschnig
9556 Liebenfels
Lebmach 1
www.weingut-maltschnig.at

Chardonnay, Weißburgunder und andere Weinsorten werden mit Liebe auf dem Weingut Maltschnig produziert. Verkostungen auch abseits der Öffnungszeiten auf Anfrage. Lauschige Weinbuschenschank im Freien.

Vinum Virunum
Alexandra Candussi
9300 St. Veit an der Glan
Altglandorf 23
www.vinumvirunum.at

Am Fuße des Magdalensberges hat sich die Winzerin mit Herzblut den Kärntner Weinen verschrieben und erzählt bei Verkostungen begeistert mehr über ihre Rot- und Weißweine sowie die Tradition des Weinbaus in Kärnten.

Weinbau Köck
Familie Köck
9560 Feldkirchen
Pollenitz 6
www.weinbau-koeck.at

Roesler, Zweigelt, Chardonnay, Solaris und Muscaris werden von Familie Köck zum Teil in Bio-Qualität angebaut und haben ausreichend Zeit zum Reifen. Weinkauf im Reiterhof Köck, Verkostungen nur mit Voranmeldung.

Lenzbauer
Gabriele Sudy & Walter Unterweger
9400 Wolfsberg (Weingarten)
Vordergumitsch 28
9020 Klagenfurt am Wörthersee (Weinkeller)
Wiener Gasse 10
www.lenzbauer.wine

Die Lenzbauer Weine munden an jedem Standort. Neben ausgezeichneten Sorten, erregen die Orange-Weine immer wieder Aufmerksamkeit.

Pollenitz bei Feldkirchen, mit Blick auf den Ossiacher See

Weinhof vulgo Ritter

Sabine David
9470 St. Paul im Lavanttal
Loschental 8
www.vulgoritter.at

Die Liste der Auszeichnungen der Weine ist lang. Mitten im Lavanttal setzt sie auf nachhaltigen Weinbau und kümmert sich per Hand um ihre Reben. Verkostungen und ab Hof-Verkauf nach Vereinbarung. Winzer-Studio zum Übernachten.

Karolinger Weinbau

Gerfried Pink und Robert Mack
9062 Moosburg
Höhenweg 19

Kleines Weingut, aber richtig gute PIWI-Weine. Die Weißwein Cuvée vom Karolinger Weinbau aus Moosburg hat als PIWI-Wein ordentlich abgeräumt und österreichweit den 1. Platz geholt. Ab-Hof-Verkauf mit Voranmeldung.

Sternberg Weingut Egger

Alexander Egger
9241 Wernberg, Feldweg 6
www.sternberg-wein.at

Bio und im Einklang mit der Natur. Das ist für den jungen Winzer wichtig und schlägt sich natürlich auch in der Qualität nieder. Er hat keine Scheu vor alternativen Wegen oder Vielfalt im Weingarten. Verkostungen im hauseigenen Stüberl mit Voranmeldung.

Weingut Hudelist

Familie Hudelist
9020 Klagenfurt am Wörthersee
Terndorfer Straße 18
www.weingut-hudelist.at

Quasi mit Panoramablick auf Klagenfurt reifen auf dem Weingut Hudelist fünf verschiedene Rebsorten – Zweigelt, Chardonnay, Sauvignon Blanc, Muskateller und Welschriesling. Einige davon wurden bereits ausgezeichnet.

Braumeister von der Privatbrauer Hirt

Bier aus Kärnten

Ausreichend Zeit. Gute Zutaten. Kreative Ideen. Bier ist nicht gleich Bier. Schon gar nicht im Süden. Bei einem Streifzug durch Kärntens Brauereien gibt es wesentlich mehr zu entdecken als Hopfen, Malz und Wasser. Die Hirter Privatbrauerei gehört zu den wenigen Betrieben in Österreich, die das Slow Brewing Gütesiegel tragen dürfen. Das Kraftbier von Loncium freut sich über internationale Auszeichnungen und das Wimitz Bräu setzt auf Bio. Bei Führungen und Verkostungen direkt in den Brauereien erfahren Bierliebhaber mehr über die hervorragenden Gerstensäfte und das alte Handwerk.

Halle Bräu Privatbrauerei
9555 Glanegg, Friedlach 84
www.hallebräu.at

Biermanufaktur Loncium
9640 Kötschach-Mauthen
Mauthen 60
www.loncium.at

Schleppe Brauerei
9020 Klagenfurt am Wörthersee
Schleppe-Platz 1
www.schleppe.at

Privatbrauerei Hirt
9322 Micheldorf, Hirt 1
www.hirterbier.at

Gelter Bräu
9300 St. Veit an der Glan
Goggerwenig 8
www.wirtshaus-gelter.at

Wimitzbräu Privatbrauerei
9311 Kraig, Wimitz 7
www.wimitzbraeu.com

Brauerei Shilling
9545 Radenthein
Gartenraststraße 12
www.shilling.at

Brauerei Katschbeer
9863 Rennweg
Katschberghöhe 19
www.katschbeer.at

Gärage Brauerei
9800 Spittal an der Drau
Hauptplatz 12
www.the-satisfactory.at

Villacher Bier
9500 Villach, Brauhausgasse 6
www.villacher.com

Turmbräu Melcher
9500 Villach
Anton-Tuder-Straße 2
www.gaestehaus-melcher.at

Malle Biermanufaktur
9500 Villach, Hochpirkachweg 3
www.mallebier.at

Brauhaus Breznik
9150 Bleiburg
10.-Oktober-Platz 9
www.breznik.9150.at

Mühlenbräu Oschenitzen
9100 Völkermarkt
Oschenitzen 10
Facebook: Mühlenbräu Oschenitzen

Brauerei Braumann
9103 Diex
Grossenegg 13
www.braumannufaktur.at

Prewstone
9601 Arnoldstein
Kärntner Straße 12
www.prewstone.com

Lindwurm Beer
9020 Klagenfurt am Wörthersee
Dr.-Wutte-Straße 14
www.lindwurm.beer

Möll Valley Brewery
9816 Penk, Penk 93
Facebook: Möll Valley Brewery

Edeltraud Handwerksbrauerei
im Keller der Edelweiss Hütte
auf der Klösterle-Alm/Gerlitzen
Facebook:
EdelweissHuetteKloesterle

Petra Petschar, Destillerie Jesche

Obst im Glas: Fruchtsäfte und Edelbrände

Auf den Kärntner Streuobstwiesen gibt es sie noch die ganz alten, selten gewordenen Obstsorten. Seit Generationen zaubern sie bei der Veredelung vollen Geschmack ins Glas. Ohne künstliche Aromen oder Farbstoffe. Bei den Apfelweinen, Destillaten, Fruchtsäften und Marmeladen zählt eben nur das Beste der Natur. Nachhaltig gereift und sorgsam verarbeitet von kleinen Produzenten.

Pfau Brennerei

Valentin Latschen
9020 Klagenfurt am Wörthersee
Schleppe-Platz 1
www.pfau.at

Brände mit regionalem Charakter. Darauf setzt Valentin Latschen bereits seit Jahren. Seine Edelbrände tragen internationale Auszeichnungen. Für eine Verkostung sollte man sich Zeit nehmen.

Schnapsbrennerei Adenberger

Liane Adenberger
9871 Seeboden am Millstätter See
Tangener Straße 35

Eine Wiese zum Trinken? Das gibt es in der Schnapsbrennerei von Liane Adenberger. Über 30 Sorten Schnäpse und Liköre können hier verkostet werden. Darunter Klassiker wie Apfel, Birne, Zirbe und Kräuter oder aber auch Raritäten wie „Rote Rübe".

Jesche First Class Destillerie

9541 Treffen am Ossiacher See
Winklerner Straße 14
destillerie-jesche.at

Echt und ehrlich sind die Brände von Petra Petschar. Sie arbeitet nach alten Rezepten und führt persönlich durch ihre Schnapsbrennerei. Neben Naturfrucht-Edelbränden hat sie erstklassigen Gin und Kräuterbitter im Sortiment.

Weberbrand

Edeldestillerie Weber
9072 Ludmannsdorf//Bilčovs
Selkach 10
www.vorderberg.at/edelbraende-weber

Auf den Himbeerbrand ist Franz Weber besonders stolz. Aber auch seine anderen Brände und Liköre können sich sehen lassen. An die 80 Sorten hat er in seinem stilvoll renovierten Stall.

Manufaktur Müller

9462 Bad St. Leonhard
Hauptplatz 1
www.manufaktur-mueller.at

Wenn Herbert Müller von seinen Produkten erzählt, schwappt die Begeisterung sofort über. Vogelbeerbrand, Tresterbrand aus dem Eichenfass oder doch Ribisel? Die Vielfalt im Laden und beim Verkosten überrascht immer wieder aufs Neue.

Mostbarkeiten

Hans Köstinger
9470 St. Paul im Lavanttal
Hundsdorf 2
www.mostbarkeiten.at

Darfs ein Krügerl Most sein? Die reinsortigen Apfelweine und Apfelsäfte sind unschlagbar im Geschmack. Aber auch Liköre und Brände von alten Obstsorten können im Museum, bei Seminaren oder Verkostungen probiert werden.

Das ist das Slow Food Land Kärnten

Lebensmittelhandwerker und Gastgeber wollen die regionale Esskultur erhalten. Bauern und Köche verbünden sich und wollen auf wertschätzende Weise echte und gute Gerichte produzieren. Das sichert nicht nur die Lebensgrundlage für Landwirte und Gastwirte, sondern trägt auch zur Gestaltung eines nachhaltigen Lebensraumes bei. Vor sieben Jahren hat die Zusammenarbeit mit Slow Food International gestartet und die regionale Initiative Slow Food Kärnten wurde gegründet.

Slow Food Travel

Wir schaffen Erlebnisreisen, bei denen der Gast die Möglichkeit hat, echte Kärntner Kulinarik zu genießen. Dabei kann er auch den Köchen und Lebensmittelhandwerkern über die Schulter schauen und selbst mit Hand anlegen.

Slow Food Cooks Alliance

Der Zusammenschluss von engagierten Köchen und Köchinnen hält die Werte der Slow Food Küche hoch und entwickelt diese mit regionalen Produkten sowie alten Sorten weiter.

Slow Food Dörfer

Slow Food Dörfer fördern die Zusammenarbeit von Landwirten, Gastronomen und Schulen. Marktplätze werden wieder belebt, das Dorfleben aktiviert und gemeinsam kulinarische Projekte ins Leben gerufen.

Slow Food Presidio

Ein Presidio ist ein Lebensmittel, das selten geworden ist und zu verschwinden droht. Deshalb schützt und fördert Slow Food solche regional einzigartigen Qualitätslebensmittel unter der Marke „Presidio". In Kärnten gehören das Lesachtaler Brot und die Kletzenbirne dazu.

Slow Food Schulen

Der Wert von regionalen Lebensmitteln wird auch im praktischen Tun in der Zusammenarbeit mit berufsbildenden und landwirtschaftlichen Schulen an die junge Generation weitergegeben.

Brotbacken im Lesachtal

Kärnten und seine 3 Slow Food Travel Regionen

Kärnten hat weltweit die erste Slow Food Travel Region aus der Taufe gehoben und damit Vorbildarbeit für einen nachhaltigen, regionalen Tourismus geleistet. Inzwischen gibt es in Kärnten drei ausgezeichnete Slow Food Travel Regionen zu entdecken. Eine Slow Food Travel Region stellt lokale Produzenten, heimische Lebensmittel und authentische Erlebnisse in den Mittelpunkt. Von der Beherbergung über die Gastronomie bis hin zum Einkauf ist hier Urlaub mit gutem Gewissen möglich.
Bei Kochkursen, kulinarischen Führungen, Verkostungen oder Workshops wird zum Mitmachen angeregt.

Lesachtal

Gailtal, Lesachtal und Weissensee als Slow Food Pioniere

Frigga auf dem Nassfeld verkosten. Fisch am Weissensee zubereiten. Brot backen im Lesachtal. Mit den Bäuerinnen Bio-Rohmilchkäse herstellen. Würzigen Speck aus der Selchkammer holen oder alles übers Kraftbierbrauen erfahren. Im Südwesten Kärntens erstreckt sich die weltweit erste Slow Food Travel Region Alpe Adria Kärnten vom Lesachtal über das Gailtal bis hin zum Weissensee mit engen Freundschaften zu den slowenischen sowie italienischen Nachbarn. Und mitten drinnen leben die Pioniere der Alpen-Adria-Kulinarik. Bei Workshops, Führungen und Erlebnisprogrammen weihen sie in die Kunst des Genießens ein.

Burg Taggenbrunn mit Blick ins Land

Slow Food Travel Mittelkärnten

Zwischen mittelalterlichen Burgen in Friesach Schokolade probieren oder in Hirt Bier verkosten. Romantisch picknicken im Wald in Althofen oder Ausblick in die idyllischen Täler genießen. Biodynamische Weine am Längsee entdecken. Oder gemeinsam mit Kindern und Haubenkoch in der Küche Gerichte mit Geschichte ausprobieren. Zwischen der Landeshauptstadt Klagenfurt und der Steiermark im Norden mit dem Glantal, Gurktal, Görtschitztal, St. Georgen, Metnitz, Friesach und Althofen hat sich die nächste Region auf den Weg zur Slow Food Travel Destination gemacht. Auf den fruchtbaren Böden wachsen nicht nur alte Gemüsesorten, sondern auch Spitzenweine. Erlebnisprogramme und Inklusiv-Pakete sorgen für abwechslungsreiche Wochenenden voller Genuss.

St. Paul im Lavanttal

Slow Food Travel Lavanttal

Auf dem Rad von Bad St. Leonhard über Wolfsberg bis nach St. Paul vorbei an blühenden Obstgärten von Produzent zu Produzent radeln. Bananenapfel und Most verkosten. Gemeinsam Walnüsse knacken, hinabsteigen in geschichtsträchtige Essig- und Weinkeller, Klostergeheimnisse aufdecken und sich von Räucherfisch oder schwarzem Knoblauch verführen lassen. Die Slow Food Travel Region Lavanttal liegt im Osten Kärntens und hat sich längst einen Namen als köstliches Paradies gemacht. Die kulinarischen Erlebnisse lassen sich wunderbar zu kleinen und größeren Genussexpeditionen kombinieren. Dabei geht's umweltbewusst mit dem Rad, Bus oder zu Fuß zu aussichtsreichen Plätzen und ehrlichen Produzenten.

Internationales Vorzeigeprojekt: Slow Food Dörfer

Die Slow Food Dörfer sind ein Vorzeigeprojekt, welches Kärnten für Slow Food International umsetzt. In elf Dörfern ist die Slow Food Philosophie im Alltag besonders gut zu spüren, sechs weitere Slow Food Villages sind in der Entwicklungsphase.

Miteinander setzen sich die Bewohner auf verschiedenen Ebenen für regionale Ernährungs- und Esskultur ein und stärken damit den ländlichen Lebensraum. Wirtshäuser und Marktplätze dienen als Treffpunkte und bei geführten Dorfspaziergängen werden heimische Spezialitäten verkostet.

Verleihung der Auszeichnung der ersten Slow Food Dörfer

Slow Food®
Village

Die ersten 11 slow Food Dörfer:

1. Albeck
2. Arriach
3. Bad Kleinkirchheim
4. Berg im Drautal
5. Kräuterdorf Irschen
6. Millstatt
7. Nötsch
8. Obervellach
9. Seeboden
10. St. Daniel im Gailtal
11. St. Paul im Lavanttal

Kultur in Kärnten entdecken!

Wer Kulinarik schätzen kann, ist meist auch offen für Kunst und Kultur. Gut so! Denn in Kärnten kann ein kulinarischer Streifzug ganz unvermittelt zu einer Entdeckungsreise zu den Kunst- und Kulturschätzen des Landes werden.

Ob historische Bauwerke oder moderne Architektur, ob bildende Künste oder Theater und Konzerte, ob fixe Kulturinstitutionen oder temporäre Festivals: Interessierte finden in Kärnten ein buntes Mosaik an Kulturgenüssen. Auch 2022 sind fast in jeder Ecke des Landes tolle Ausstellungen, sehenswerte Museen, hochkarätige Kulturveranstaltungen, nationale und internationale Künstler zu finden. Man muss nur wissen, wo.

Deshalb möchten wir sie auf den nächsten Seiten mitnehmen auf eine Erkundungstour zu Kärntner Spielstätten und Regionen, die heuer für einen kulturellen Abstecher ausdrücklich zu empfehlen sind – als kleine, exemplarische Auswahl aus dem breiten kulturellen Spektrum Kärntens.

Weitere Kulturtipps:
www.kaernten.at/kultur

Künstlerstadt Gmünd
Hauptplatz 20
9853 Gmünd in Kärnten
T +43 4732 22 15 24
www.künstlerstadt-gmünd.at
März bis November 2022

Künstlerstadt Gmünd mit Maria Sibylla Merian

In Gmünd warten Kulturerlebnisse auf Schritt und Tritt. Man wandert von einer Galerie in die nächste, kommt an offenen Künstlerateliers oder kleinen Museen vorbei und betritt schließlich den Stadtturm, in dem die Hauptausstellung gezeigt wird. Nach der gestürmten Picasso-Schau im Vorjahr erwartet Besucher heuer ein spannender Kontrast: Mit Maria Sibylla Merian präsentiert die Kulturinitiative Gmünd erstmals eine Künstlerin in der Stadtturmgalerie. Schon zu Lebzeiten (1647–1717) war Merian eine Künstlerin und Naturforscherin von Weltruf und begeisterte mit kunstvollen, naturgetreuen Zeichnungen, Aquarellen und Kupferstichen. Im Stadtturm ist eine prächtige Auswahl davon zu sehen, umrahmt von einem umfassenden Begleitprogramm. Kleine Besucher dürfen sich auf ein kostenloses Begleitheft zur Ausstellung freuen!

Komödien im Schloss, Musik im Stift

Das Renaissance-Schloss Porcia inmitten der Spittaler Innenstadt ist ein wunderbarer Rahmen für Kunst- und Kulturliebhaber. Bei den allsommerlichen Komödienspielen werden die alten Gemäuer mit unterhaltsamen Theaterstücken bespielt. Die reguläre Spielzeit 2022 beginnt wie gewohnt Anfang Juli.
In den oberen Schlossetagen verrät das Museum für Volkskultur viel über die Geschichte Oberkärntens, anhand von Multimedia- und Hands-On-Stationen sowie 20.000 Exponaten.
Vielfältige Musikgenüsse bietet hingegen Millstatt. Etwa bei den Musikwochen Millstatt im Stift, mit einem Potpourri aus geistlichen und weltlichen Meisterwerken, Kammermusikwerken und musikalischen Raritäten. Hochkarätige Gitarrenklänge garantiert die 15. Auflage des Gitarrenfestivals „La Guitarra Esencial".

Komödienspiele/ Ensemble Porcia
Burgplatz 1
9800 Spittal an der Drau
T +43 47 62 42020
www.ensemble-porcia.at
Juli bis August 2022

Museum für Volkskultur
Burgplatz 1
9800 Spittal an der Drau
T +43 4762 2890
www.museum-spittal.com
täglich von 9:00 bis 18:00 Uhr

Musikwochen Millstatt
Marktplatz 8
9872 Millstatt am See
T. +43 4766 2021 35
www.musikwochen.com
Mai bis Oktober 2022

Int. Gitarrenfestival Millstatt
T. +43 4766 2021 35
www.laguitarraesencial.com
2.–7. August 2022

Carinthischer Sommer
Büroadresse:
Lederergasse 12
9500 Villach
T +43 4242 28 100
www.carinthischersommer.at
Juli bis August 2022

Carinthische Musikakademie
Stift Ossiach 1
9570 Ossiach
T +43 4243 45 594
www.die-cma.at

Domenig Steinhaus
Uferweg 31
9552 Steindorf
T +43 664 51 66 673
www.domenigsteinhaus.at

Feine Klänge am Ossiacher See

Das Stift Ossiach, idyllisch gelegen am Ossiacher See, ist Heimat des Carinthischen Sommers, der zu den bedeutendsten Musikfestivals Österreichs zählt.
Ein Mix aus Klassik, Jazz, Crossover und zeitgenössischer Musik prägt das Festival auch 2022. Erwartet werden internationale Stars und junge Talente, u. a. Pianist Fazıl Say (17.7.), Star-Countertenor Andreas Scholl (26.7.), heimischer Black-Metal von Dornenreich (5.8.) oder katalanischer Jazz-Funk-Mix von Andrea Motis (24.8.).
Ebenfalls im Stift Ossiach ist die Carinthische Akademie angesiedelt, wo erlesene Konzerte genauso stattfinden wie zahlreiche musikalische Fortbildungen.
Ganz in der Nähe steht das spektakuläre Steinhaus des Architekten Günther Domenig. Die inspirierende Dichte des Ortes wird für Symposien, Workshops und Events genutzt.

Kunst, Kultur und Theater in Villach

Ein Streifzug durch Villach birgt viele reizvolle Begegnungen mit Kunst und Kultur. Das Stadtmuseum etwa zeigt neben einer sehenswerten (kunst-) historischen Dauerausstellung auch bestens kuratierte, jährlich wechselnde Sonderausstellungen. 2022 wird die Schau „Warmbad. Landschaft, Menschen und Geschichte(n)" neu adaptiert weitergeführt.
Zeitgenössische österreichische und internationale Kunst, dafür ist die Galerie Freihausgasse Villachs erste Adresse. 2022 sind u. a. Werkschauen von Alois Köchl, Daniel Hosenberg oder Gabriele Sturm mit Martin Walde geplant.
Unmittelbares Theatererlebnis bietet die neuebuehnevillach, ein Freies Theater im Stadtzentrum, das ganzjährig Stücke von GegenwartsautorInnen inszeniert.

Stadtmuseum Villach
Widmanngasse 38
9500 Villach
T +43 4242 305 3500
Sonderausstellung: Mai bis Oktober 2022

Galerie der Stadt Villach
Freihausgasse
9500 Villach
T +43 4242 205-3450
www.villat.at/kultur
Geöffnet Montag bis Samstag

neuebuehnevillach
Rathausplatz 1
9500 Villach
T +43 4242 287 164
www.neuebuehnevillach.at

Burg & Weingut Taggenbrunn
Taggenbrunn 9
9300 St. Vei an der Glan
T +43 4212 30 200
www.taggenbrunn.at
April bis Juni &
August bis Oktober 2022

Burgbau Friesach
St. Veiter Straße 30
9360 Friesach
T +43 660 544 88 56
www.burgbau.at
April bis Oktober 2022

Burg Hochosterwitz
Hochosterwitz 1
9314 Launsdorf
T +43 4213 2020
www.burg-hochosterwitz.com
April bis November 2022

Burgen voller Kultur und Geschichte

Das historische Juwel Burg Taggenbrunn nahe St. Veit ist ein wahrer Kristallisationspunkt für Kulturgenuss. 2022 können sich Besucher der Taggenbrunner Festspiele wieder auf besondere Abende, von Oper über Kammermusik bis Performances, freuen. Bei Letzteren werden große Namen wie Cornelius Obonya oder Lars Eidinger erwartet.
Die Burg beherbergt zudem André Hellers „Zeiträume", eine Schau mit höchstem Staunfaktor.
Sehenswerte Burgen finden sich gleich mehrere in Mittelkärnten. In der Burgenstadt Friesach etwa, wo Besucher gar einen Burgbau nach mittelalterlichen Techniken miterleben können. Eine unvergessliche Zeitreise ins Mittelalter verspricht auch Burg Hochosterwitz mit ihrer famosen Lage und dem fesselnden Burgmuseum.

Klagenfurt, Kärntens kulturelles Zentrum

Die Renaissance-Altstadt mit ihren lauschigen Arkadenhöfen, dem imposanten Landhaus oder dem weiten Neuen Platz samt Lindwurm: Klagenfurt hat allein an Sehenswürdigkeiten einiges zu bieten. Als Landeshauptstadt ist sie kulturelles Zentrum Kärntens. Die Palette reicht von zeitgenössischer Kunst im MMKK bis zum hochkarätigen Spielplan des Stadttheaters Klagenfurt, vom etablierten Bachmannpreis bis zum neuen Klagenfurt-Festival mit Performance, Konzerten und Lesungen an außergewöhnlichen Locations. 2022 soll die Riege der Klagenfurter Museen wieder komplett sein: Im Sommer öffnet das modernisierte Landesmuseum Rudolfinum. Zudem birgt unweit der Stadt der Archäologiepark Virunum auf dem Magdalensberg eine der größten römischen Ausgrabungsstätten des Ostalpenraumes.

MMKK
Burggasse 8
9020 Klagenfurt
T +43 50 536-34112
www.mmkk.at

Stadttheater Klagenfurt
Theaterplatz 4
9020 Klagenfurt
T +43 463 55 266
stadttheater-klagenfurt.at

Klagenfurt Festival
22.5. bis 6.6. 2022
in Klagenfurt
www.klagenfurtfestival.com

46. Tage der dt. Literatur/ Bachmannpreis
ORF-Theater
Sponheimerstraße 13
9020 Klagenfurt
23. bis 26.6. 2022
bachmannpreis.orf.at

Rudolfinum & Archäologiepark
landesmuseum.ktn.gv.at

Museum Liaunig
9155 Neuhaus/Suha 41
T +43 4356 211 15
www.museumliaunig.at
April bis Oktober 2022

Spektakuläres privates Kunstmuseum

Neuhaus/Suha, ein 1.100-Seelen-Dorf im Südosten Kärntens, beheimatet mit dem Museum Liaunig eine wahre Sensation für Kenner und Freunde zeitgenössischer Kunst.

Die Sammlung Liaunig zählt zu den größten Sammlungen österreichischer Kunst ab 1945. Ergänzt wird sie durch Vertreter der klassischen Moderne sowie exemplarische Werke internationaler Künstler. Daneben werden auch historische Sammlungen wie afrikanische Goldkunst oder seltene Portraitminiaturen gezeigt.

Der Bau ist an sich ein architektonisches Kunstwerk, das sich stark am Gelände orientiert. Nur der lang gezogene Galerietrakt ist von außen sichtbar und bietet von seinen beiden Terrassen herrliche Ausblicke in die Landschaft, der Rest des Museums befindet sich unter der Erde.

Heimat großer Maler und Poeten

Der Südkärntner Raum ist ein besonderer Landstrich. Hier mischt sich saftiges Grün mit Kalkfelsen, ebene Weite mit hohen Gipfeln, hier bereichert die slowenischsprachige Volksgruppe seit jeher das Leben in den Dörfern.
Niemand konnte diese einmalige Atmosphäre besser einfangen als der Maler Werner Berg, der hier seine Wahlheimat fand. Im Werner Berg Museum in Bleiburg lässt sich wunderbar eintauchen in seine faszinierenden Bilderwelten.
In die sakrale Kunst entführt das Stift St. Paul im Lavanttal: 2022 wird die hochaktuelle Schau „Zur Hölle mit dem Himmel?" zur Geschichte der Seuchen wieder aufgenommen. Im Stift Griffen dagegen ist eine große Dauerausstellung dem Leben und Werk des Kärntner Literaturpreisträgers Peter Handke gewidmet.

Werner Berg Museum
10.-Oktober-Platz 4
9150 Bleiburg
T +43 4235 2110 27
www.wernerberg.museum
Mai bis Oktober 2022

Stift St. Paul
Hauptstraße 1
9470 St. Paul im Lavanttal
T +43 4357 2019 22
www.stift-stpaul.at
Mai bis Oktober 2022

Handke-Ausstellung Stift Griffen
Stift Griffen 2
9112 Griffen
T +43 4233 2247 23
www.griffen.gv.at/Peter_Handke
Täglich, außer Montag

Kärntens Bauernmärkte

Märkte mit ihrer bunten Vielfalt, der Hundertschaft an Gerüchen und Farben gehören auf der ganzen Welt zu den genüsslichsten Erlebnissen. In Kärnten ist es besonders lohnend über die bunten Bauernmärkte zu schlendern, zu gustieren, zu kosten und einzukaufen. Bei dem reichhaltigen Angebot an bäuerlichen und handwerklichen Produkten findet man die feinsten Urlaubsmitbringsel, die echt nach Kärnten schmecken. Gerade in Zeiten wie diesen zeigt sich der Wert heimischer, liebevoll hergestellter, gesunder Lebensmittel, die in Kärnten noch in bunter Fülle vorhanden sind. Da heißt es zugreifen und Kärnten in seiner ganzen Großartigkeit schmecken und genießen.

Franz Klammer am Benediktinermarkt in Klagenfurt.

Kärnten West

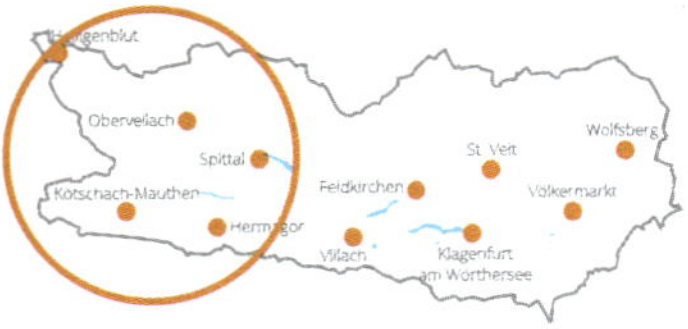

Döbriach **DI**

Döbriacher Markt von Mai bis September von **19:00 bis 22:00 Uhr** auf dem Hauptplatz.

Gmünd **SA**

Kleiner Liesertaler Bauernmarkt jeden Samstag, Rathausplatz in Gmünd von **8:00 bis 11:30 Uhr**.

Großkirchheim **SA**

Bauernmarkt am 9. April, 4. Juni, 3. September, 29. Oktober und 17. Dezember jeweils von **9:00 bis 12:00 Uhr**.

Hermagor **SA**

Bauernmarkt auf dem Wulfeniaplatz. Jeden Samstag von **9:00 bis 12:00 Uhr**, auf dem Wulfeniaplatz. Jeweils während der Sommersaison von Juli bis September. In der restlichen Zeit jeden 1. und 3. Samstag im Monat.

Katschberg **FR**

Bauernmarkt „Al(m)erlei – alles aus der Region" auf dem Katschberg, jeden Freitag vom 15. Juli bis 9. September von **14:00 bis 17:30 Uhr**.

Obervellach **DO**

Anfang Juli bis Anfang September jeden Donnerstag ab **18:00 Uhr**.

Radenthein **FR**

Stadtmarkt in der Radentheiner Markthalle jeden Freitag von **15:00 bis 19:00 Uhr**.

Seeboden **FR**

Landmarkt auf dem Hauptplatz, Freitag ab **17:00 Uhr**, von Oktober bis April **10:00 bis 13:00 Uhr**.

Spittal/Drau **DO**

Wochenmarkt auf dem Rathausplatz jeden Donnerstag von **7:00 bis 12:00 Uhr**, an einem Feiertag auf Mittwoch vorverlegt.

Techendorf **DO**

Weissenseer Wochenmarkt mit kunsthandwerklichen Produkten von Ende Mai bis September jeden Donnerstag von **9:00 bis 12:00 Uhr** im Weissensee Haus.

Tröpolach **FR**

Bauernmarkt in Tröpolach. Jeden Freitag von **18:00 bis 21:00 Uhr** während der Sommersaison von Mitte Juni bis Mitte September!

Kärnten Mitte

Althofen — SA
Bauernmarkt jeden Samstag von **8:00 bis 11:00 Uhr**.

Arriach — DO
Bauernmarkt auf dem Dorfplatz, jeder 3. Mittwoch von April bis Oktober ab **17:00 Uhr**.

Bad Kleinkirchheim — FR
Bauernmarkt jeden Freitag von Mai bis September von **9:00 bis 12:00 Uhr**.

Bodensdorf — MO
Bauernmarkt Bodensdorf, montags, 6. Juni bis 5. September, ab **17:00 Uhr**.

Brückl — FR
Bauernmarkt Brückl, jeden 1. und 3. Freitag im Monat; **14:30 bis 17:30 Uhr**.

Faak am See — DO
Bauernmarkt jeden Donnerstag von Mai bis September, Marktplatz von **17:00 bis 22:30 Uhr**.

Feld am See — DO
Schmankerl- und Handwerksmarkt auf dem Kirchenplatz, jeden Donnerstag im Juli und August von **17:00 bis 19:00 Uhr**.

Feldkirchen — SA
Wochenmarkt, jeden Samstag (ausgenommen Feiertag), Hauptplatz, **8:00 bis 12:00 Uhr**.

Friesach — FR
Hemmaland-Bauenmarkt jeden Freitag von **15:00 bis 18:00 Uhr**.

Himmelberg — FR
Bauernmarkt jeden ersten Freitag im Monat von Mai bis Oktober, Marktplatz von **15:00 bis 20:00 Uhr**.

Klagenfurt am Wörthersee — MO – SA
Benediktinermarkt ganzjährig jeden Donnerstag und Samstag **6:00 bis 13:00 Uhr.**
Markthallen täglich von Montag bis Samstag **7:00 bis 16:00 Uhr**, Mittwoch **7:00 bis 14:00 Uhr**.
Bio-Markt, Lidmanskygasse, jeden Freitag ganzjährig von **6:00 bis 13:00 Uhr**.
Wochenmarkt auf dem Baumbachplatz, Waidmannsdorf, ganzjährig Mittwoch und Samstag von **6:00 bis 13:00 Uhr**.
Wochenmarkt Klagenfurt Viktring, Viktringer Platz, Freitag von **6:00 bis 13:00 Uhr**.

Keutschacher Vier Seental — MO
Alpe trifft Adria am Strand vom Sonnenhotel, Hafnersee Strandbad jeden Montag von **18:00 bis 22:00 Uhr**.

Krumpendorf — FR
Sommermarkt auf der Rathauswiese jeden Freitag von **17:00 bis 21:00 Uhr**.

MÄRKTE

Launsdorf **FR**
Bauernmarkt jeden Freitag von **15:00 bis 17:00 Uhr**.

Magdalensberg **FR**
Bauernmarkt jeden 2. Freitag im Monat 14:00 bis 18:00 Uhr. Juni bis August 16:00 bis 20:00 Uhr.

Moosburg **SA**
Bauernmarkt jeden ersten Samstag im Monat, Schlosswiese, von **8:00 bis 12:00 Uhr**.

Ossiach **MI**
Bauernmarkt Ossiach, jeden Mittwoch, von 25. Mai bis 14. September ab **17:00 Uhr**.

Pörtschach **DO**
Bauernmarkt vor dem Hotel Dermuth jeden Donnerstag von **17:00 bis 21:00 Uhr**.

Reifnitz **MI**
Bauernmarkt jeden Mittwoch, Webernigwiese von Juni bis September von **17:00 bis 21:00 Uhr**.

St. Veit an der Glan **MI**
Bauernmarkt auf dem Hauptplatz Mittwoch und Samstag von **8:00 bis 12:00 Uhr**.

Schiefling **DO**
Bauernmarkt auf dem Gemeindeplatz erster und letzter Donnerstag von **19:00 bis 21:00 Uhr**, Gemeindeplatz.

Velden am Wörthersee **DO**
Wochenmarkt auf dem Gemona-Platz jeden Donnerstag von **7:30 bis 12:30 Uhr**.

Villach **MI SA FR**
Wochenmarkt auf dem Burgplatz, Mittwoch und Samstag ganzjährig von **7:00 bis 12:00 Uhr.**
Bio-Bauernmarkt jeden Freitag ganzjährig, Hans-Gasser-Platz von **8:00 bis 15:00 Uhr.**
Markthalle an der Draulände
Spezialitätenmarkt jeden Freitag ganzjährig, Widmanngasse von **9:00 bis 15:00 Uhr**.

Kärnten Süd

Bad Eisenkappel **SA**
Bauernmarkt jeden Samstag ganzjährig von **8:00 bis 12:00 Uhr** auf dem Hauptplatz.
Frühjahrsmarkt am 2. Mai von **8:00 bis 17:00 Uhr**.
Sommermarkt am 2. Juli **8:00 bis 17:00 Uhr**.

Bad St. Leonhard **FR**
Markt beim Schloss Lichtengraben im Hofladen mit Fischprodukten ab **10:00 Uhr** (November bis April bis **15:00 Uhr**, Mai bis Oktober bis **18:00 Uhr**). Ab **12:00 Uhr** gibt es ofenwarmen Räucherfisch.

Bleiburg DI
Bauernmarkt, Oberer Hauptplatz, jeden Dienstag von **8:00 bis 12:00 Uhr**.

Ferlach FR
Wochenmarkt jeden Freitag auf dem Hauptplatz von **8:00 bis 13:00 Uhr**.

Gallizien FR
Bauernmarkt, Dorfplatz, jeden zweiten Freitag im Monat von **15:00 bis 20:00 Uhr**, im Juni, Juli und August **17:00 bis 20:00 Uhr**.

Gösselsdorf FR
Bauernmarkt gegenüber dem Campingplatz jeden Freitag von 27. Mai bis 30. September von **17:00 bis 20:00 Uhr**.

Griffen SA
Bauernmarkt auf dem Kirchplatz, samstags von **9:00 bis 13:00 Uhr,** am 5. März, 9. April, 7. Mai, 11. Juni, 10. September, 1. Oktober, 5. November und 10. Dezember.

Köttmannsdorf MI FR
Bauernmärkte am 13. April (Ostermarkt), am 5. August (Weinspezialitäten) und am 2. Dezember (Weihnachtsmarkt), Beginn **17:00 Uhr** bei der Volksschule.

Reichenfels SA
Bauernmarkt jeden Samstag im Verkaufsraum der Bauernschaft von **7:00 bis 11:00 Uhr**.

St. Andrä im Lavanttal SA
Wochenmarkt auf dem Rathausplatz von **8:00 bis 12:00 Uhr**.

St. Kanzian am Klopeiner See FR DI
Bauernmarkt, Nordduferpromenade, Juni und September jeden Freitag, Juli, August dienstag und freitag von **16:00 bis 22:00 Uhr**.

St. Paul im Lavanttal DO
St. Pauler Genussplatz jeden ersten Donnerstag im Monat, Platz St. Blasien ab **16:00 Uhr**.
Genussladen St. Paul, Montag bis Freitag, 9:00 bis 19:00 Uhr, Samstag, 9:00 bis 17:00 Uhr.

Völkermarkt MI FR
Wochenmarkt, Hauptplatz jeden Mittwoch ganzjährig von **8:00 bis 12:30 Uhr**.
Frischemarkt, Hauptplatz, jeden Freitag ganzjährig von **8:00 bis 13:00 Uhr**.
Oster-Bio-Markt auf dem Hauptplatz, 9. April von **9:00 bis 15:00 Uhr**.

Wolfsberg MO–SA
Bauernmarkt in der Vermarktungshalle im Euco Center: Donnerstag von 16:00 bis 19:00 Uhr und Freitag von 8.00 bis 13:00 Uhr.
KuKuMa Kulinarik und Kulturmarkt jeden Samstag von **9:00 bis 14:00 Uhr** auf dem Hohen Platz.
Bauernmarkt in der Vermarktungshalle im Euco-Center jeden Freitag von **8:00 bis 18:00 Uhr.**

Feste und unverfälschtes Brauchtum

In herausfordernden Zeiten freut man sich besonders aufs Feiern, auf die Begegnung mit Menschen, altes Brauchtum und kulinarische Köstlichkeiten. Auf Kärntens Festen findet man noch unverfälschte, regionale Produkte, von bäuerlichen Produzenten ehrlich hergestellt. Die kulinarischen Feste bieten die besondere Gelegenheit, sich durchs Land zu kosten. Speck und Käse im Gailtal, Fisch im Gegendtal, Hadn und Salami im Jauntal.
Die Produzenten und Wirte der jeweiligen Region decken die Tische mit regionalen Köstlichkeiten. Musik und Brauchtum sind die Begleitklänge zur bunten Kulinarik.

März

19. und 20. März
Josefimarkt in Eberndorf. Der Kärntner Landesheilige wird mit einem bunten Krämermarkt mit Ausstellern aus ganz Kärnten gefeiert.

April

3. April
Ostermarkt auf dem Hauptplatz von Bleiburg. Südkärntner Produzenten präsentieren ihre Osterwaren, wie Reindling, Schinken, Würste, Eier.

9. April
Sirnitzer Ostermarkt auf dem Sirnitzer Marktplatz. Gurktaler Köstlichkeiten für den „Weihkorb". Fischspezialitäten von der Fischzucht Payr, Osterschmuck, Palmbuschen und vieles mehr. 9:00 bis 16:00 Uhr.

29. April bis 8. Mai
See.Ess.Spiele rund um den Wörthersee. Kulinarische Highlights in über 20 Betrieben rund um den Wörthersee. www.see-ess-spiele.com

Mai

Mai
Aufwartn rund um den Weissensee.
www.weissenseekulinarik.at/aufwartn

Mai bis Oktober
Genusstour mit dem Floß auf dem Weissensee mit Fischverkostung.

Mai bis Oktober
Weinberg-Wanderung in Obervellach. Genusswanderung zu den höchst gelegenen Weinbergen.

1. Mai
Granitztaler Blütenwanderung ab St. Paul.

7. bis 8. Mai
Mostbarkeiten-Kostbarkeiten im Zogglhof in St. Paul. Internationale Fachmesse für Most, Spirituosen, Saft, Edelbrände, Essige und Spezialitäten aus der Region.

8., 15. und 22. Mai
Küchenkult in Villach unter dem Motto „Küchenkult trifft den Geschmack der Kindheit". www.kuechenkult.at

28. bis 29. Mai
European Street Food Festival in Völkermarkt. Europas größtes mobiles Restaurant.

Juni

Juni
Biofest und Bleiburger Kirchtag auf dem Kirchplatz von Bleiburg. Heilige Messe und anschließend Biomarkt mit regionalen Produkten.

Juni bis September
Weissenseer Frühstücksfloß.

3. bis 5. Juni
Gailtaler Speckfest in Hermagor. Die Stadt lädt zum großen Volksfest rund um den original Gailtaler Speck.

10. und 11. Juni
Stadtfest in Völkermarkt. Ein Kulinarik-Fest der Freunde mit Schmankerln und Weinen aus dem Alpen-Adria-Raum.

16. Juni
Cocktailtag am Millstätter See im Blumenpark Seeboden. Ab **19:00 Uhr** werden Gäste und Einheimische mit DJ-Musik und spritzigen Cocktails verzaubert.

15. bis 17. Juni
Cocktailtage in verschiedenen Hotels am Millstätter See.

16. bis 19. Juni
Alpen-Adria-Hafenfest in der Klagenfurter Ostbucht. Vier Tage lang wird entlang der Klagenfurter Ostbucht des Wörthersees mit Schmankerln aus Italien, Slowenien, Kroatien und Kärnten gefeiert.

18. Juni
St. Pauler Knoblauchfest. Ein Fest rund um den Knoblauch.

25. Juni
Alpen-Adria-Weinfest in Ferlach. Weinspezialitäten und kulinarische Köstlichkeiten aus dem Alpen-Adria-Raum.

26. Juni
Geopark Karawankenfest in Neuhaus/Schwabegg. Kultur und Kulinarik aus dem Geopark Karawanken.

Juli

3. Juli und 18. September
Streetfood-Markt in der Villacher Gerbergasse.

7. Juli bis 1. September
Marktzeit im Slow Food Village Obervellach mit kulinarischen Köstlichkeiten im Zeichen der Schnecke.

8. Juli
Alpen-Adria-Weinfest auf dem Hauptplatz von Seeboden.

9. Juli
Alpen-Kilt-Wanderung in Obervellach. Regionale Köstlichkeiten lassen Kilt-Wanderherzen höher schlagen.

10. bis 15. Juli
Fischgenusswoche in Feld am See. Heimische Fisch-Kulinarik mit Livemusik.

10. Juli bis 11. September
Kulinarischer Almsommer bis zum Almabtrieb am 11. September in den Hochrindler Wirtshäusern.

8. und 29. Juli
Bauernmarkt mit Kurkonzert im Dorf Dellach im Drautal.

16. Juli
Schmankerlfest in Fresach mit Köstlichkeiten aus dem Alpen-Adria-Raum.

16. Juli
Fischfest in Feld am See. Köstlichkeiten vom heimischen Fisch aus dem Millstätter See, Brennsee und Afritzer See sowie aus der Fischzucht Andreas Hofer in Feld am See.

16. Juli
Auftakt zur Kulinarischen Reise in Bad Kleinkirchheim mit den örtlichen Gastronomiebetrieben.

21. bis 24. Juli
Genussfestival in Bad St. Leonhard. Vier Tage Kulinarik vom Feinsten, der gesamte Ort ist auf den Beinen, um sich an den kulinarischen Kompositionen zu erfreuen.

22. Juli und 5. August
Bauernmarkt in Berg im Drautal bei der Brunner Mühle. Die Slow Food Villages Berg und Irschen präsentieren ihre Spezialitäten.

24. Juli
St. Anna-Kirchtag auf der Petzen. Höchstgelegener Kirchtag von Kärnten im idyllischen Lärchenwald. Grenzüberschreitende Wanderung über den Panoramaweg Südalpen.

31. Juli
MAHL und BROTFEST der letzten Sirnitzer Mühle mit Brotsegnung ab 11:00 Uhr beim Urhof Steiner.

31. Juli bis 7. August
Villacher Kirchtag mit Brauchtumswoche im gesamten Stadtgebiet.

August

Anfang August
Hof- und Kellerfest in Obervellach. Weine aus Österreich werden zum Verkosten kredenzt.

5. bis 15. August
Gackern in St. Andrä. Spezialitäten vom Huhn werden frisch zubereitet.

6. und 7. August
Kärntnernudelfest im Ortskern von Oberdrauburg.

7. August
Jauntaler Salamifest im Stift Eberndorf. Im romantischen Stiftshof wird die Salamikönigin von einer kompetenten Jury gekürt.

13. August
EU-Kirchtag auf dem alten Loiblpass mit Alpen-Adria-Spezialitäten und grenzüberschreitenden Begegnungen.

13. bis 14. August
Österreichisches Honigfest in Hermagor. Die süßesten Tage im Jahr finden beim Honigfest statt. Nicht nur für Naschkatzen.

14. August
Rindfleischfest auf dem Ossiacher Tauern mit zahlreichen Rindfleischspezialitäten.

15. August
Farant-Fest in Globasnitz. Heimische Produzenten und Nachbarn aus Slowenien und Friaul präsentieren eine große Produktvielfalt regionaler Lebensmittel und Kunsthandwerk.

26. August
Rosentaler Pohačafest in Ferlach. Das Fest um den Kärntner Reindling der im Rosental Pohača heißt.

27. August
Palatschinkenfest in Baldramsdorf. Süße und pikante Palatschinkenkreationen werden auf dem Dorfplatz angeboten.

28. August
Handwerkerkirchtag in allen Gasthöfen auf Hochrindl.

September

September
Genuss-Seefest am Klopeiner See. Kulinarisches Fest der Wirte mit Schmankerln aus der regionalen und Alpen-Adria-Küche.

September
Coppla Kaša Fest in Eisenkappel. Altes Brauchtumsfest mit vielen kulinarischen Spezialitäten.

September und Oktober
Kulinarische Herbsttafeln rund um den Millstätter See. Regionale Spezialitäten an den schönsten Logenplätzen rund um den See. www.millstaettersee.com/tafeln

September und Oktober
Tage der offenen Genusstür in der Slow Food Region Lavanttal (samstags).

Anfang September
Brotfest in Liesing/Lesachtal.

2. bis 5. September
Wiesenmarkt in Bleiburg, auf der Festwiese. Größtes und ältestes Brauchtumsfest in Südkärnten.

3. und 4. September
Fest der Kartoffel in Ludmannsdorf.

9. September
Wine & More auf dem Völkermarkter Hauptplatz. Weine aus Friaul und Slowenien sowie einheimische Spezialitäten.

10. und 11. September
Glocknerlammfest in Heiligenblut.

10. September
Kulinrisches Fest der Wirte in St. Kanzian mit Schmankerln aus der Alpen-Adria-Küche.

11. September
Reindlingfest in Gnesau. Vereinsfest mit über 400 Reindlingspezialitäten.

13. September bis 1. November

Hüttenkult. Die Region Villach lädt ein die Berge, die Hütten und die regionale Kulinarik im Herbst zu genießen. www.huettenkult.at

14. bis 24. September

Alpen-Adria-Küchentage in der Klagenfurter Innenstadt. Viele kulinarische Veranstaltungen mit Spitzenköchen und Produzenten aus dem Alpen-Adria-Raum.

16. September

Kulinarische Reise in Bad Kleinkirchheim. Den Auftakt zu den „Kulinarischen Nächten" bildet die „Kulinarische Reise – Wanderung von Genuss zu Genuss".

17. September

Strudelfest im Blumenpark Seeboden. Verschiedene Strudelvariationen zum Verkosten.

17. und 18. September

Hadnfest in Neuhaus. Das Fest der Spezialitäten aus dem Jauntaler Hadn (Buchweizen).

17. September bis 26. Oktober

Kulinarische Nächte in Bad Kleinkirchheim. Jeden Freitag- und Samstag-Abend laden die Gastgeber zu köstlichen mehrgängigen Menüs ein. www.kulinarischenaechte.at

17. September bis 8. Oktober

Genuss-Markt der Regionalität im Kurpark in Bad Kleinkirchheim. Jeden Samstag laden Genussland Kärnten-Produzenten zu einem genussvollen Marktnachmittag ein.

18. September

Rosalienkirchtag auf dem Hemmaberg. Rund um die älteste Kirche Südkärntens, unweit von der Rosalienquelle und den antiken Ausgrabungen findet ein Kirchtag statt.

18. September bis 23. Oktober und 26. Oktober

Kulinarisch regional auf dem Berg. Jeweils sonntags gibt es abwechselnd, entweder im Bergrestaurant Kaiserburg oder im Panorama-Restaurant Nock IN, ein spezielles kulinarisches Gericht.

18. September

Ritschertfest in der Keltenwelt Frög. Bereits in der Hallstattzeit soll das Ritschert aus Bohnen, Gemüse, Geselchtem bekannt gewesen sein. Das muss gefeiert werden.

18. September

Fisolenfest in St. Margareten im Rosental. Strankalan heißen die Fisolen in Kärnten. Beim Fisolenfest gibts die passenden Schmankerln.

18. September
Dorf- und Erntedankfest in Köttmannsdorf. Gelebtes Brauchtum und regionale Kulinarik für Groß und Klein.

24. bis 25. September
Käsefestival in Kötschach-Mauthen. Regionaler und internationaler Käse zum Verkosten.

24. September bis 3. Oktober
St. Veiter Wiesenmarkt mit Brauchtumsveranstaltungen, kulinarischen Köstlichkeiten und Vergnügungspark.

25. September
Weinfest in Sittersdorf. Präsentation der Weine, die in Sittersdorf angebaut werden und von besonderer Qualität sind.

Oktober

1. Oktober
Kulinarischer Herbstreigen – 2. Millstätter Most & Weinfest mit Slow Food Schmankerln.

1. Oktober
Polentafest in Nötsch im Gailtal. Das Fest der Polenta mit vielen authentischen Gerichten im malerischen Ort Nötsch.

1. bis 2. Oktober
Apfelfest in St. Georgen im Lavanttal. Genuss, Tradition und Unterhaltung rund um das Naturprodukt Apfel, das im Lavanttal so üppig gedeiht.

2. Oktober
Repica-Fest in St. Michael ob Bleiburg. Repica wird die Kartoffel, die in der Gegend angebaut wird, im Dialekt bezeichnet.

2. Oktober
Erntedankfest in Obervellach.

2. Oktober
Gitschtaler Krautfest in Weißbriach.

2. Oktober
Kirchbacher Apfelfest in Kirchbach im Gailtal.

2. Oktober
Kulinarischer Herbstreigen rund um den Maltschacher See.

8. Oktober
Traditioneller Sirnitzer Markttag von 9:00 bis 16:00 Uhr. Ritschert mit Hausbrot vom gemahlenen Bio-Roggen der letzten wasserbetriebenen Sirnitzer Mühle.

26. Oktober
Kulinarischer Herbstreigen in Bad Kleinkirchheim. Slow Food Schmankerl Fest.

Staatlich anerkanntes Gütesiegel und Auszeichnungen

AMA GENUSS REGION

Dieses staatlich anerkannte Gütesiegel für bäuerliche Direktvermarkter, kleine Lebensmittelmanufakturen sowie Gastronomiebetriebe zeichnet die besondere Qualität von Lebensmitteln aus den Regionen aus. In der Gastronomie wird die frische Zubereitung der Speisen verlangt. Die Betriebe werden von unabhängigen Prüfern genau kontrolliert. Entdecken Sie die www.genussregionen.at

GENUSSWIRT KÄRNTEN

Auszeichnung für Betriebe, die in ihren Küchen großen Wert auf Produkte mit hoher Qualität aus Kärnten legen und sich dafür streng kontrollieren lassen.

KÄRNTNER WIRTSHAUSKULTUR

Bodenständige Küche und herzliche Atmosphäre.

GUTES VOM BAUERNHOF

Die Qualitätsmarke für Einkaufen auf dem Bauernhof.
Im Zentrum stehen die vertiefenden Qualitätsrichtlinien mit der AMA GENUSS REGION.

BIO AUSTRIA

BIO AUSTRIA-Betriebe erzeugen regionale Bio-Lebensmittel nach strengen Qualitätskriterien und unterliegen einer jährlichen Kontrolle durch eine unabhängige Kontrollstelle.

Betriebsverzeichnis

A

Adamhof, Maria Saal 159
Adenberger, Schnapsbrennerei, Seeboden 179
Ainkehr, Restaurant, Rennweg 103
Alexanderhütte & Sennerei, Alexanderalm, Millstatt 115
Alpenrose, Naturhotel, Millstatt am See 43
Alte Point, Arriach 31
Altes Brauhaus, Völkermarkt 93
Altes Brauhaus Breznik, Hotel-Wirtshaus-Privatbrauerei, Bleiburg 96
Alte Zollhütte, St. Michael ob Bleiburg/Šmihel pri Pliberku 129
Arlbergerhof Vital, Hotel, Weissensee 79
Arlitscherhof, Bad Eisenkappel/Železna Kapla 164

B

Bacher, Gasthaus, Gnesau 30
Bachler, Restaurant, Althofen 18
Bärenwirt, Hermagor 15
Berger, Buschenschank, Einöde bei Villach 121
Biermanufaktur Loncium, Kötschach-Mauthen 177
Brauerei Braumann, Diex 177
Brauerei Katschbeer, Rennweg 177
Brauerei Shilling, Radenthein 177
Brauhaus Breznik, Bleiburg 177
Brunnerhof, St. Veit/Glan 122
Brunnwirt Kassl, Guttaring 67
Burgwein Laßnig, Glanegg 174

C

Cabalier, Greißlerei – Imbiss, Klagenfurt am Wörthersee 160
Caramé, Restaurant, Velden am Wörthersee 134
ChiliFraunz, Wolfsberg 170
Craigher, Schokoladenmanufaktur, Friesach 163

D

das Balance**s**, Pörtschach am Wörthersee 58
Das Lilienberg, Restaurant, Tainach 134
Das Moerisch, Restaurant, Seeboden am Millstätter See 44
Das Wiegelehaus, Nötsch im Gailtal 155
Dein's & Mein's, Klagenfurt am Wörthersee 159
Dein's & Mein's, Villach 159
der daberer, das biohotel, St. Daniel 13
Der Hambrusch, Grafenstein 69
Der Tröplacherhof, 3-Stern-Superior-Hotel & Restaurant, Jenig 41
Der Tschebull, Egg am Faaker See 136
Die Forelle, Genießerhotel, Weissensee 14
Die Kärntnerei, Klagenfurt am Wörthersee 161
Die Nockbauern, Feldkirchen 154
Dienstl Gut, Launsdorf 109
Die Radlerei, Feld am See 151
Die Yacht, Casino Restaurant Velden, Velden am Wörthersee 107
Dolce Vita, Restaurant, Klagenfurt am Wörthersee 135
Domäne Lilienberg Weinbau, Tainach 173
Dorfladen Fresach, Fresach 153
Dorfwirt Schönleitn, Latschach/Oberaichwald 56
Duschlbaur, Feldkirchen 154

E

Ebners Greißlerei, Lendorf 145
Edeltraud Handwerksbrauerei, Gerlitzen 177
Egger, Buschenschenke, Spittal an der Drau 120
Erlacherhaus, Radenthein 127
Ertl, Herwig, Edelgreißler, Kötschach-Mauthen 142
eve alps, Bad Kleinkirchheim 117

F

Falkerthaus, Bad Kleinkirchheim/St. Oswald 130
Fallerhütte, Restaurant, Malta 47

Feinstes vom Maltataler, Malta 150
Finkensteiner Nudelfabrik, Markt Café, Gödersdorf 155
Fischerhof, Velden am Wörthersee 157
Fischeria Schloss Lichtengraben, Bad St. Leonhard 170
Fisch-Sigi, Gasthof, Reichenau 102
Fräulein Maier's Kräuterei, Lavamünd 167
Frierss Feines Haus, Feinkostladen, Villach 156,
Frierss Feines Haus, Restaurant – Gourmet – Feinkost, Villach 54
Friesacherhof, Hotel-Restaurant, Prebl 95

G

Gams, Bauernhof, Hart/Lačilo 145
Gärage Brauerei, Spittal an der Drau 177
Geiger, Gasthaus, Bad St. Leonhard . 73
gellius, Restaurant, Bad Kleinkirchheim 50
gellius.shop, Spittal an der Drau 147
Gelter, Wirtshaus, St. Veit an der Glan 66
Gelter Bräu, St. Veit an der Glan 177
Genussladen St. Paul im Lavanttal, St. Paul im Lavanttal 169
Genuss-Meierei
Feldkirchen 149
Hermagor 149
Spittal an der Drau 149
Villach 149
Goritschniggs, Fleischerei, Velden am Wörthersee 157
Gralhof, Biohotel, Weissensee 26
Greisslerei Napetschnig, Die Greisslerei in Diex, Diex 166
Grillkunst, Restaurant & Lounge, Obervellach 77
Grün, Buschenschenke, Friesach 124
Grünwald, Gasthof, Dellach im Gailtal 16
Gšeft, St. Michael ob Bleiburg/Šmihel pri Pliberku 167

H

Hafner, Landgasthof vgl. Hadnwirt, Neuhaus 71
Halle Bräu Privatbrauerei, Glanegg 177
Haller's Genussladen, Seeboden ... 150
Handg'macht und mehr, Villach-Landskron 153
Hanebauer, Buschenschenke, Weitensfeld 123
Hannis Krendlerei, Feldkirchen 154
Hanzmann, Biohof, St. Kanzian 166
Hasentrattner, Bio-Bergbauernhof, Radenthein 153
Hassler, Restaurant – Café & Konditorei, Berg im Drautal 78
Haus der Region, Wolfsberg 168
Heritzer, Jausenstation, St. Michael im Lavanttal 125
Hiasl Zirbenhuette, Sirnitz 125
Hirter Braukeller, Micheldorf 90
Hirter GenussTheke, Klagenfurt am Wörthersee 161
Höfler, Buschenschenke, Millstatt ... 116
Hois, Berghotel, Heiligenblut 25
Hotel zur Post, mit Bar & Restaurant Postskriptum, Döbriach 83
Huaba Hittn, Gerlitzen 114
Hübelbauer, Buschenschenke, Bad Kleinkirchheim 116
Hubertushof, Seehotel „im Garten", Velden am Wörthersee 57
Hubert Wallner, Gourmetrestaurant, Dellach/Maria Wörth 134
Hupfa, Buschenschenke, Berg im Drautal 115

I

Irregger, Buschenschenke, Wieting .. 124
Irschen, Landhotel, Irschen 38

J

Jäger, Delikatessen, Klagenfurt am Wörthersee 160
Jedermann, Restaurant, Wirtshaus, Kegelbahnen, Villach 55
Jesche First Class Destillerie, Treffen am Ossiacher See 179

K

Kammerhof, St. Andrä 170
Karnerta, Fleischfachmarkt, Klagenfurt am Wörthersee 149
Kärnten Fisch, Feld am See 152
Kärntner Lådn, Villach 159
Karolinger Weinbau, Moosburg 175
Kaslab'n Schaukäserei, Nockberge, Radenthein 151
Kirchenwirt, Finkenstein 105
Klamerhütte, Feld am See 117
Kleinsasserhof, Spittal an der Drau 136
Klosterladen Wernberg, Wernberg 158
Knappengut, Kappel am Krappfeld 164
Kochwerkstatt, Klagenfurt am Wörthersee 60
Kölblhof, Buschenschank, Feldkirchen 119
kostBAR, Winklern 145
Kräuterdorf Irschen, Irschen 146
Kunsthandwerk, Wirtshaus, Liebenfels 65
Kutsche, Landhaus, Velden am Wörthersee 137

L

Labsalerie, Pörtschach am Wörthersee 127
Lagana, Restaurant, Hotel voco®, Villach 135
Lammersdorfer Hütte, Millstatt am See 120
Långnerhof, Berg im Drautal 146
Lassnig, Buschenschenke, Mittertrixen 128
La Terrasse, Hotel Schloss Seefels, Pörtschach-Techelsberg 135
Leiten, Restaurant am Weingut Karnburg, Klagenfurt am Wörthersee 34
Lenzbauer,
Weingarten, Wolfsberg 174
Weinkeller, Klagenfurt am Wörthersee 174
Lerchenhof, Schloss, Hermagor 27
Lesachtaler Bauernladen, Maria Luggau 143
Lesachtaler Fleisch, St. Lorenzen im Lesachtal 143
Liegl am Hiegl, Gasthof, St. Georgen am Längsee 19
Lindenhof, Landhotel, Feld am See ..49
Lindwurm Beer, Klagenfurt am Wörthersee 177
Löscher, Bauerngreißlerei, Seeboden 150
Loystubn, Restaurant, Thermenwelt Pulverer, Bad Kleinkirchheim 84

M

Magdalensberg, Gipfelhaus, Magdalensberg 62
Malle Biermanufaktur, Villach 177
Mallhof, Biobauernhof, Bad Kleinkirchheim 152
Maltschacher Seewirt, Feldkirchen .63
Maltschnig, Weingut, Liebenfels 128
Manufaktur Müller, Bad St. Leonhard. 179
Maria Loretto, Restaurant, Klagenfurt am Wörthersee 137
Marktplatz Erschenhof, Globasnitz/Globasnica 166
Marzi, Forellenhof, St. Marein 169
Messnerei am Sternberg, Gasthaus, Wernberg 17
Metzgerwirt, Radenthein 28
Millstätter Hütte, Millstatt 130
mi.wo, Hotel Moserhof, Seeboden 42
Mocho Markt, Griffen 164
Mochoritsch, St. Primus/Šentprimož. 70
Möll Valley Brewery, Penk 177
Mona's Kaufladen, ADEG Arriach, Arriach 153
Moritz, Restaurant, Grafenstein 21
Mostbarkeiten, St. Paul im Lavanttal 179
Mühlenbräu Oschenitzen, Völkermarkt 177
Mühlenstüberl, Hofschenke, Liesing 126
Müllers Hof, Kraig 164

N

Nagglerhof, Hotel, Restaurant, Bauernhof & Hoffleischerei, Weissensee 39
Neugarten Almseehütte, Arriach ..118
Neugebauer, Landgasthof, Lölling 35

Nockfleisch, Unser Bauernladen, Patergassen 154
Nuart, Hofkäserei, Mittertrixen 165

O

Ogris, Gasthaus – Gostišče – Trattoria, Ludmannsdorf/Bilčovs 92

P

Paulitsch, Biohof, St. Stefan 168
Pfau Brennerei, Klagenfurt am Wörthersee 179
Pirker's, Natur- & Bio Familienhotel, Malta 82
Plattner's Einkehr, Hermagor 80
Poppmeier, Gasthaus, St. Paul im Lavanttal 72
Portofino, Seerestaurant, Velden am Wörthersee 137
Post, Gasthof, Rennweg/Katschberg . 48
Pratnekar, Bauernladen, St. Michel ob Bleiburg/Šmihel pri Pliberku 166
Prechtlhof, Hotel-Restaurant, Althofen 88
Prewstone, Arnoldstein 177
Privatbrauerei Hirt, Micheldorf 177
Prunner, Gasthof, Gmünd 46

R

Rudorfer's Nudlamt, Wernberg 158

S

Sandwirt, Gasthof, Maria Saal 61
Sandwirth, Der, Klagenfurt am Wörthersee 86
Saupper, Direktvermarkter, Mallnitz 145
Schatzkammer, Hotel Schloss Lerchenhof, Hermagor 143
schieflinger.ortsladen, Schiefling am Wörthersee 159
Schleppe Brauerei, Klagenfurt am Wörthersee 177
Schlieber's Kräuterstube, Millstatt 150
Schwarzseehütte, Afritz am See 118
Schwusserhütte, Mallnitz 126
see.gast.haus, Krumpendorf am Wörthersee 85
Seerose, Restaurant, St. Kanzian am Klopeiner See 91
Seespitz, Restaurant & Living, Falkensteiner Schlosshotel, Velden am Wörthersee 33
See-Villa Restaurant „1884", Schlosshotel, Millstatt 101
Sereinig, Familienhof, Bodental/Poden 110
s'Gschäft, St. Daniel 142
Sicher, Fischrestaurant, Tainach 22
Soleo, Restaurant, Krumpendorf 59
Sommeregger Biohof, Spittaler Schlossbauern, Spittal an der Drau 147
Sonnhof Kulinarik, St. Egyden 157
Sonnleitnhof, Buschenschenke, St. Urban am Urbansee 119
Staner, Genuss-Restaurant, im Landgasthof Gritschacher, Lendorf 99
Sternath, Lavanttaler Spargelhof, St. Paul im Lavanttal 170
Sternberg Weingut Egger, Wernberg 175
Stiftsschmiede, Fischrestaurant, Ossiach 32
Stofflwirt, Bodensdorf 53
Strandhotel am Weissensee, Weissensee 40
Strasswirt, Hotel Gasthof, Jenig 81

T

Taggenbrunn, Heuriger, Hotel Weingut, St. Veit an der Glan 89
Tauernfenster Mölltal, Obervellach 144
Thausing Naturkost, Magdalensberg 163
Tomale, Buschenschenke, Kappel am Krappfeld 123
Tomažej, Saat & Tat, Naturhof, St. Michael ob Bleiburg/Šmihel pri Pliberku 168
Tomic, Biohof, Eberndorf/Dobrla vas 165
Tonis Buschenschank, Drobollach 121
Trattlers Einkehr, Bad Kleinkirchheim 29
TrippelGut, Feldkirchen 173
Trippolt Zum Bären, Bad St. Leonhard 23
Turmbräu Melcher, Villach 177

U

Unterwirt Hüttn, Bad Kleinkirchheim ... 51

V

Villacher Bier, Villach ... 177
Vinum Virunum, St. Veit an der Glan ... 174
Vogelhaus, Restaurant, Klagenfurt am Wörthersee ... 136

W

Wakonig's HofgreißlerEi, Klagenfurt am Wörthersee ... 162
Walter, Bauernladen, Obervellach ... 144
Wappenstüberl, Familienhotel Post, Millstatt am See ... 100
Wassacher, Buschenschenke, Moosburg ... 122
Weberbrand, Edeldestillerie, Ludmannsdorf/Bilčovs ... 179
Weber Hof, Ludmannsdorf/Bilčovs ... 157
Weinbau Köck, Feldkirchen ... 174
Weingut Georgium, St. Georgen am Längsee ... 174
Weingut Hudelist, Klagenfurt am Wörthersee ... 175
Weingut Karnburg, Klagenfurt am Wörthersee ... 173
Weingut Maltschnig, Liebenfels ... 174
Weingut Taggenbrunn, St. Veit an der Glan ... 173
Weinhof vulgo Ritter, St. Paul im Lavanttal ... 175
weissen-see-fisch, Neusach ... 143
Werzers Badehaus, Restaurant, Pörtschach am Wörthersee ... 108
Wimitzbräu Privatbrauerei, Kraig ... 177
Wrannissimo, Restaurant, Velden am Wörthersee ... 106

Z

Zechnerin, Die, EssKulturWirt, Liebenfels ... 87
Zeilinger, Landgasthaus, Himmelberg ... 52
Zitrusgarten, Bio-Shop, Faak am See ... 156
Zogglhof, St. Paul im Lavanttal ... 168
Zoller, Gasthof-Pension, St. Margarethen im Lavanttal ... 94
Zollner, Hotel Restaurant, Gödersdorf ... 45
Zollnerseehütte, Dellach im Gailtal ... 129
ZOMMSTEHN am Mårkt, Klagenfurt am Wörthersee ... 162
Zum Dorfschmied, Gasthof, Klein St. Paul ... 20
Zum Mohren, Kulturwirt, Bad Bleiberg ... 104
Zum Simale, Gasthaus, Liebenfels ... 64
Zur Schmiede, Gasthof, Berg im Drautal ... 37

Verzeichnis nach Städten und Orten

Afritz am See
Schwarzseehütte ... 118
Neugarten Almseehütte ... 118

Althofen
Bachler, Restaurant ... 18

Althofen
Prechtlhof, Hotel-Restaurant ... 88

Arnoldstein
Prewstone ... 177

Arriach
Alte Point ... 31
Mona's Kaufladen, ADEG Arriach ... 153

Bad Bleiberg
Zum Mohren, Kulturwirt ... 104

Bad Eisenkappel/Železna Kapla
Arlitscherhof ... 164

Bad Kleinkirchheim
eve alps ... 117
gellius, Restaurant ... 50
Hübelbauer, Buschenschenke ... 116
Loystubn, Restaurant, Thermenwelt Pulverer ... 84

Mallhof, Biobauernhof 152
Trattlers Einkehr 29
Unterwirt Hüttn 51

Bad Kleinkirchheim/St. Oswald
Falkerthaus 130

Bad St. Leonhard
Fischeria Schloss Lichtengraben .. 170
Geiger, Gasthaus 73
Manufaktur Müller 179
Trippolt Zum Bären 23

Berg im Drautal
Hassler, Restaurant – Café & Konditorei 78
Hupfa, Buschenschenke 115
Långnerhof 146
Zur Schmiede, Gasthof 37

Bleiburg
Altes Brauhaus Breznik, Hotel-Wirtshaus-Privatbrauerei 96
Brauhaus Breznik 177

Bodensdorf
Stofflwirt 53

Bodental/Poden
Sereinig, Familienhof 110

Dellach im Gailtal
Grünwald, Gasthof 16
Zollnerseehütte 129

Dellach/Maria Wörth
Hubert Wallner, Gourmetrestaurant 134

Diex
Brauerei Braumann 177
Greisslerei Napetschnig, Die Greisslerei in Diex 166

Döbriach
Hotel zur Post, mit Bar & Restaurant Postskriptum 83

Drobollach
Tonis Buschenschank 121

Eberndorf/Dobrla vas
Tomic, Biohof 165

Egg am Faaker See
Der Tschebull 136

Einöde bei Villach
Berger, Buschenschank 121

Faak am See
Zitrusgarten, Bio-Shop 156

Feld am See
Die Radlerei 151
Kärnten Fisch 152
Klamerhütte 117
Lindenhof, Landhotel 49

Feldkirchen
Die Nockbauern 154
Duschlbaur 154
Genuss-Meierei, ... 149
Hannis Krendlerei 154
Kölblhof, Buschenschank 119
Maltschacher Seewirt 63
TrippelGut 173
Weinbau Köck 174

Finkenstein
Kirchenwirt 105

Fresach
Dorfladen Fresach 153

Friesach
Craigher, Schokoladenmanufaktur . 163
Grün, Buschenschenke 124

Gerlitzen
Edeltraud Handwerksbrauerei 177
Huaba Hittn 114

Glanegg
Burgwein Laßnig 174
Halle Bräu Privatbrauerei 177

Globasnitz/Globasnica
Marktplatz Erschenhof 166

Gmünd in Kärnten
Prunner, Gasthof 46

Gnesau
Bacher, Gasthaus 30

Gödersdorf
Finkensteiner Nudelfabrik, Markt Café 155
Zollner, Hotel Restaurant 45

Grafenstein
Der Hambrusch 69
Moritz, Restaurant 21

Griffen
Mocho Markt 164

Guttaring
Brunnwirt Kassl 67

Hart/Lačilo
Gams, Bauernhof 145
Heiligenblut
Hois, Berghotel 25
Hermagor
Bärenwirt 15
Genuss-Meierei 149
Lerchenhof, Schloss 27
Plattner's Einkehr 80
Schatzkammer, Hotel Schloss Lerchenhof 143
Himmelberg
Zeilinger, Landgasthaus 52
Irschen
Irschen, Landhotel 38
Kräuterdorf Irschen 146
Jenig
Der Tröplacherhof, 3-Stern-Superior-Hotel & Restaurant 41
Strasswirt, Hotel Gasthof 81
Kappel am Krappfeld
Knappengut 164
Tomale, Buschenschenke 123
Klagenfurt am Wörthersee
Cabalier, Greißlerei – Imbiss 160
Dein's & Mein's 159
Die Kärntnerei 161
Hirter GenussTheke 161
Jäger, Delikatessen 160
Karnerta, Fleischfachmarkt 149
Kochwerkstatt 60
Leiten, Restaurant auf dem Weingut Karnburg 34
Lenzbauer, Weinkeller 174
Lindwurm Beer 177
Maria Loretto, Restaurant 137
Pfau Brennerei 179
Sandwirth, Der 86
Schleppe Brauerei 177
Wakonig's HofgreißlerEi 162
Weingut Hudelist 175
Weingut Karnburg 173
ZOMMSTEHN am Mårkt 162
Dolce Vita, Restaurant 135
Vogelhaus, Restaurant 136
Klein St. Paul
Zum Dorfschmied, Gasthof 20
Kötschach-Mauthen
Biermanufaktur Loncium 177
Ertl, Herwig, Edelgreißler 142
Kraig
Müllers Hof 164
Kraig
Wimitzbräu Privatbrauerei 177
Krumpendorf am Wörthersee
Soleo, Restaurant 59
see.gast.haus 85
Latschach/Oberaichwald
Dorfwirt Schönleitn 56
Launsdorf
Dienstl Gut 109
Lavamünd
Fräulein Maier's Kräuterei 167
Lendorf
Ebners Greißlerei 145
Staner, Genuss-Restaurant, im Landgasthof Gritschacher 99
Liebenfels
Kunsthandwerk, Wirtshaus 65
Maltschnig, Weingut 128
Weingut Maltschnig 174
Zechnerin, Die, EssKulturWirt 87
Zum Simale, Gasthaus 64
Liesing
Mühlenstüberl, Hofschenke 126
Lölling
Neugebauer, Landgasthof 35
Ludmannsdorf/Bilčovs
Ogris, Gasthaus – Gostišče – Trattoria 92
Weber Hof 157
Weberbrand, Edeldestillerie 179
Magdalensberg
Magdalensberg, Gipfelhaus 62
Thausing Naturkost 163
Mallnitz
Saupper, Direktvermarkter 145
Schwusserhütte 126
Malta
Fallerhütte, Restaurant 47
Feinstes vom Maltataler 150

Pirker's, Natur- & Bio Familienhotel 82

Maria Luggau
Lesachtaler Bauernladen 143

Maria Saal
Adamhof 159
Sandwirt, Gasthof 61

Micheldorf
Hirter Braukeller 90
Privatbrauerei Hirt 177

Millstatt
Alexanderhütte & Sennerei, Alexanderalm 115
Höfler, Buschenschenke 116
Millstätter Hütte 130
Schlieber's Kräuterstube 150
See-Villa Restaurant „1884", Schlosshotel 101
Alpenrose, Naturhotel 43
Lammersdorfer Hütte 120
Wappenstüberl, Familienhotel Post100

Mittertrixen
Lassnig, Buschenschenke 128
Nuart, Hofkäserei 165

Moosburg
Karolinger Weinbau 175
Wassacher, Buschenschenke 122

Neuhaus
Hafner, Landgasthof vgl. Hadnwirt 71

Neusach
weissen-see-fisch 143

Nötsch im Gailtal
Das Wiegelehaus 155

Obervellach
Grillkunst, Restaurant & Lounge 77
Tauernfenster Mölltal 144
Walter, Bauernladen 144

Ossiach
Stiftsschmiede, Fischrestaurant 32

Patergassen
Nockfleisch, Unser Bauernladen 154

Penk
Möll Valley Brewery 177

Pörtschach am Wörthersee
das Balance**s** 58
Labsalerie 127

Pörtschach am Wörthersee
Werzers Badehaus, Restaurant 108

Pörtschach-Techelsberg
La Terrasse, Hotel Schloss Seefels 135

Prebl
Friesacherhof, Hotel-Restaurant 95

Radenthein
Brauerei Shilling 177
Erlacherhaus 127
Hasentrattner, Bio-Bergbauernhof153
Kaslab'n Schaukäserei, Nockberge151
Metzgerwirt 28

Reichenau
Fisch-Sigi, Gasthof 102

Rennweg/Katschberg
Ainkehr, Restaurant 103
Brauerei Katschbeer 177
Post, Gasthof 48

Schiefling am Wörthersee
schieflinger.ortsladen 159

Seeboden am Millstätter See
Adenberger, Schnapsbrennerei 179
Haller's Genussladen 150
Löscher, Bauerngreißlerei 150
mi.wo, Hotel Moserhof 42
Das Moerisch, Restaurant 44

Sirnitz
Hiasl Zirbenhuette 125

Spittal an der Drau
Egger, Buschenschenke 120
Gärage Brauerei 177
gellius.shop 147
Genuss-Meierei 149
Kleinsasserhof 136
Sommeregger Biohof, Spittaler Schlossbauern 147

St. Andrä
Kammerhof 170

St. Daniel
der daberer, das biohotel 13
s'Gschäft 142

St. Egyden
Sonnhof Kulinarik 157

St. Georgen am Längsee
Liegl am Hiegl, Gasthof 19
Weingut Georgium 174

St. Kanzian am Klopeiner See
Hanzmann, Biohof 166
Seerose, Restaurant 91

St. Lorenzen im Lesachtal
Lesachtaler Fleisch 143
St. Marein
Marzi, Forellenhof 169
St. Margarethen im Lavanttal
Zoller, Gasthof-Pension 94
St. Michael im Lavanttal
Heritzer, Jausenstation 125
St. Michael ob Bleiburg/Šmihel pri Pliberku
Alte Zollhütte 129
Gšeft 167
Tomažej, Saat & Tat, Naturhof 168
Pratnekar, Bauernladen 166
St. Paul im Lavanttal
Genussladen St. Paul im Lavanttal 169
Mostbarkeiten 179
Poppmeier, Gasthaus 72
Sternath, Lavanttaler Spargelhof 170
Weinhof vulgo Ritter 175
Zogglhof 168
St. Primus/Šentprimož
Mochoritsch 70
St. Stefan
Paulitsch, Biohof 168
St. Urban am Urbansee
Sonnleitnhof, Buschenschenke 119
St. Veit an der Glan
Gelter Bräu 177
Gelter, Wirtshaus 66
Taggenbrunn, Heuriger, Hotel Weingut 89
Vinum Virunum 174
Weingut Taggenbrunn 173
Brunnerhof 122
Tainach
Das Lilienberg, Restaurant 134
Domäne Lilienberg Weinbau 173
Sicher, Fischrestaurant 22
Treffen am Ossiacher See
Jesche First Class Destillerie 179
Velden am Wörthersee
Caramé, Restaurant 134
Die Yacht, Casino Restaurant 107
Fischerhof 157
Goritschniggs, Fleischerei 157
Hubertushof, Seehotel „im Garten" . 57
Kutsche, Landhaus 137
Portofino, Seerestaurant 137
Seespitz, Restaurant & Living, Falkensteiner Schlosshotel 33
Wrannissimo, Restaurant 106
Villach
Dein's & Mein's 159
Frierss Feines Haus, Feinkostladen 156
Frierss Feines Haus, Restaurant – Gourmet – Feinkost 54
Genuss-Meierei 149
Jedermann, Restaurant, Wirtshaus, Kegelbahnen 55
Kärntner Lådn 159
Lagana, Restaurant, Hotel voco® 135
Malle Biermanufaktur 177
Turmbräu Melcher 177
Villacher Bier 177
Villach-Landskron
Handg'macht und mehr 153
Völkermarkt
Altes Brauhaus 93
Mühlenbräu Oschenitzen 177
Weissensee
Arlbergerhof Vital, Hotel 79
Die Forelle, Genießerhotel 14
Gralhof, Biohotel 26
Nagglerhof, Hotel, Restaurant, Bauerhof & Hoffleischerei 39
Strandhotel am Weissensee 40
Weitensfeld
Hanebauer, Buschenschenke 123
Wernberg
Klosterladen Wernberg 158
Messnerei am Sternberg, Gasthaus 17
Rudorfer's Nudlamt 158
Sternberg Weingut Egger 175
Wieting
Irregger, Buschenschenke 124
Winklern
kostBAR 145
Wolfsberg
ChiliFraunz 170
Haus der Region 168
Lenzbauer, Weingarten 174

Anreise

Mit dem Auto

Von Norden über Salzburg und die A10 Tauernautobahn (mit dem zweiröhrig ausgebauten Katschbergtunnel). Von Osten über Wien und Graz auf der A2 Südautobahn. Von Süden über Laibach und die A11 Karawankenautobahn oder über Udine und die A2 Südautobahn.

Mit der Bahn

Entspannt in Ihren Urlaubsort: Detaillierte Anreisemöglichkeiten finden Sie auf der Website der Österreichischen Bundesbahnen, ÖBB **(www.oebb.at),** und der Deutschen Bahn, DB **(www.bahn.de),** sowie auf **nightjet.com**

Alle Informationen für Ihren Weg nach Kärnten finden Sie unter **www.anreise.kaernten.at**

Vom Bahnhof zum Hotel

Der Bahnhof-Shuttle bringt Sie bequem in Ihre Unterkunft oder zu einem der Top-Ausflugsziele Kärntens.
www.bahnhofshuttlekaernten.at

Mit dem Flugzeug

NONSTOP nach Kärnten! Direktflüge mehrmals die Woche von Köln nach Klagenfurt am Wörthersee. **www.eurowings.com** *(Änderungen vorbehalten.)*

Den sonnigen Süden Österreichs erreichen Sie auch ab Wien mit Austrian. **www.austrian.com** *(Änderungen vorbehalten.)*

Spezielle Mietwagenangebote und kärntenweite Shuttle-Verbindungen gewährleisten Ihre Mobilität im Urlaub. **www.flug.kaernten.at**

Sämtliche Informationen über Flugpläne, Passagierservices und Weiteres zum Airport Klagenfurt finden Sie direkt auf der Flughafen-Website. **www.airport-klagenfurt.at**

Flughäfen in der Nähe

Flughafen Wien, **www.viennaairport.at**
Flughafen Graz, **www.flughafen-graz.at**
Flughafen Salzburg, **www.salzburg-airport.at**
Flughafen Laibach/Slowenien, **www.lju-airport.si**

Gertrude Ortner,
Projektleitung Slow Food Kärnten Guide

IMPRESSUM Herausgeber, Medieninhaber und Verleger: Kärnten Werbung GmbH, Völkermarkter Straße 21–23, 9020 Klagenfurt am Wörthersee, T +43 463 3000, F +43 463 3000-50, E info@kaernten.at, www.kaernten.at | **Konzeption und Projektleitung:** Christian Kresse und Gertrude Ortner | **Gestaltung & Satz:** Werk 1 Werbegraphik GmbH, www.werk1.at | **Text:** Elisabeth Tschernitz-Berger (et), Waltraud Dengel (wd), Heinz Grötschnig (hg), Ingrid Herrenhof (ih), Anita Arneitz (aa), Gabriele Köchl (gk), Johanna Wohlfahrt (jw) | **Druck:** Druckerei Theiss | **Fotos:** Johannes Puch, Ralf Kreules, Archiv Kärnten Werbung, Archiv Tourismusverbände und Regionen, Genussland Kärnten, Franz Gerdl, Florentina Klampferer, Martin Steinthaler, Daniel Zupanc, Edward Gröger, Kärntner Regionalmedien, Marco Riebler, Sam Strauss, Gert Steinthaler, Wolfgang Hummer digitalraum.at, Martin Hoffmann, Gert Köstinger, Charly's/Newman, Manuela Wilpernig, © GRM/Werner Krug, Vi-Fa-Os Tourismus/Adrian Hipp, Kleine Zeitung GmbH & Co GK/Helmuth Weichselbraun, AustroDesign.com, Arnold Pöschl, Caletto Photography, Daniela Ebner, Bilder, die von den Kärntner Gastronomiebetrieben zur Verfügung gestellt wurden | Bei allen Bezeichnungen, die auf Personen bezogen sind, meint die gewählte Formulierung beide Geschlechter, auch wenn aus Gründen der leichteren Lesbarkeit nur die männliche Form angeführt ist. Die Kärnten Werbung kann für allfällige Fehler keine Haftung übernehmen. Alle Angaben sind Stand Februar 2022.

Den Slow Food Kärnten Guide auf Ihr Mobiltelefon laden

Ganz einfach die App auf Ihr Mobiletelefon laden und die Restaurants entdecken.

Die Website **www.slowfood.guide** öffnen.

Anleitung iPhone:

1 in der Menüleiste unten auf ***Teilen*** klicken

2 Zum Home-Bildschirm — Nach unten scrollen und ***Zum Homebildschirm*** auswählen

3 ***Hinzufügen*** und den Slow Food Guide verwenden

Anleitung Android:

1 auf ⋮ (rechts oben) klicken

2 ***Zum Startbildschirm hinzufügen*** auswählen

3 ***Hinzufügen*** und den Slow Food Guide verwenden